哎哟，我的老祖宗！

上卷

聆听百位先贤在线『唠嗑』

感受中华文明的多维魅力

吕埴◎编著
大有童书◎绘

電子工業出版社
Publishing House of Electronics Industry
北京 · BEIJING

前言

在历史的长河中，中华民族涌现出无数璀璨夺目的先贤，他们如同夜空中的星辰，照亮了华夏儿女的成长。本书精心选取100位中国古代先贤，以他们的生平事迹、思想智慧为经纬，编织出了一幅波澜壮阔的历史画卷。

这100位先贤，有的以文治武功著称，如帝王将相，他们开疆拓土，治国有方，为后世留下了宝贵的治国理政经验；有的以学问德行流芳，如儒释道各家大师，他们著书立说，传道授业，塑造了中华民族的精神品格；还有的

以技艺才华闻名，如工匠艺人、文人墨客，他们用巧手匠心、锦绣文章，丰富了中华文化的宝库。

翻开这本书，你将与孔子对话，聆听他关于仁爱与礼义的教诲；你将跟随屈原的脚步，感受他忧国忧民的赤诚情怀；你将与诸葛亮并肩，见证他运筹帷幄、决胜千里的智慧风采。每一位先贤都是一个独特的故事，每一个故事都蕴含着深刻的道理和无穷的智慧。

希望你能通过这本书，更加直观地了解中国古代先贤的卓越贡献和崇高精神，激发对中华优秀传统文化的热爱和传承之志，在先贤的指引下，汲取力量，启迪智慧。

愿这本书成为一把钥匙，为你打开通往中华古代文明宝库的大门；愿每一位先贤的光芒，都能照亮你前行的道路。

目录

★★★★★

酒
酒

开启了首个王朝的君王——夏禹

我是上古时期夏后氏的首领，大家都叫我“大禹”。又因为我是夏王朝的开国君主，后人也称我为“夏禹”。

· 大禹治水

我的父亲鲧（gǔn）曾担任过治理天下洪水的职责，但接连治水九年，成效并不显著。尧帝一怒之下，将我的父亲杀了。痛定思痛，我开始寻求新的治水方法。我发现，只要弄清楚地势的高低，顺着水流方向开挖河道，把水引进去，就好办了。就这样，我将父亲“堵塞”的方法改为“疏导”，最终根治了水患。

· 三过家门而不入

整整十三年，我曾三过家门而不入。第一次经过家门时，我听到妻子分娩时的呻吟，还有婴儿的哭声。我怕耽误治水，强忍着没有进去。第二次经过家门时，儿子在妻子的怀中向我招手，怎奈当时工程紧张，我只是挥手打了下招呼。第三次经过家门时，儿子已十来岁了，跑过来把我往家里拉，我抚摸了儿子的头，就又匆忙离开了。

涂山之会

夏朝建立后，我在涂山召开诸侯大会，开展自我批评。原本对我有意见的诸侯看到我诚恳的态度，也都表示敬重佩服，消除了原先的疑虑。没想到，涂山之会的历史影响力还挺大，被后人认为是夏王朝建立的标志性事件。

铸造九鼎

涂山大会之后，各方诸侯没事就来阳城（夏朝早期都城）串门，带的礼物都是青铜。青铜年年增多，实在放不下了，我就用它们铸造了九个大鼎。鼎上铸有各州的山川名物、珍禽异兽。九鼎象征着九州，其中豫州鼎为中央大鼎。

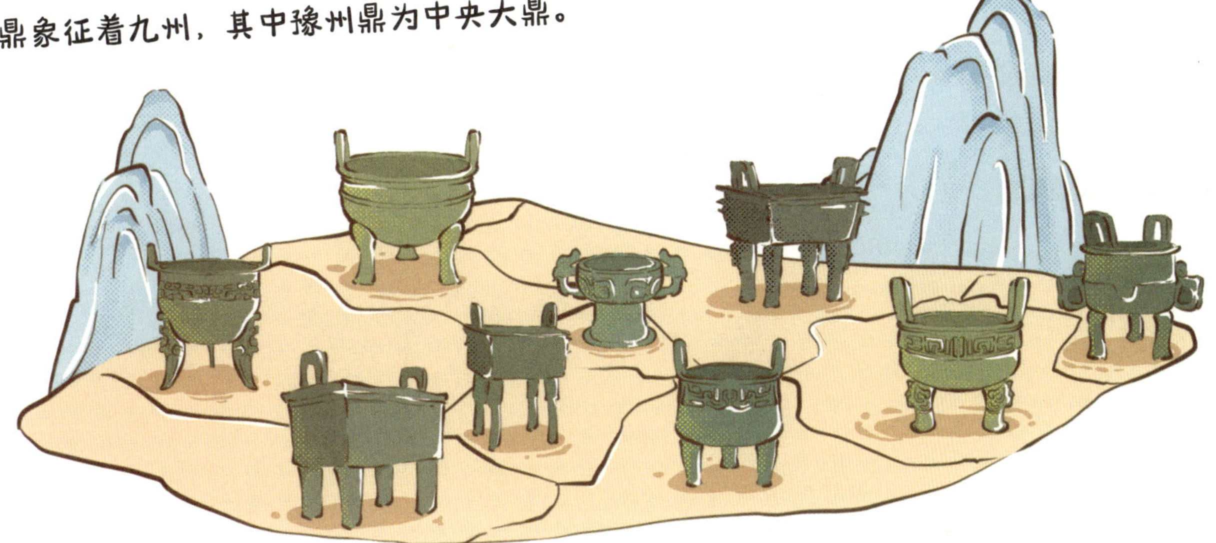

一语点评

夏禹的功绩不仅在于治理洪水、发展国家生产、使人民安居乐业，更重要的是结束了原始社会部落联盟的社会组织形态，开创了“家天下”的王朝政治模式。

“网开三面”的君王——成汤

因为我是商族的部落首领，又是商朝的开创者，所以很多人也叫我“商汤”。我这辈子干的最牛的事，就是建立了商王朝，并把它打理得很好。

· 武力夺天下

我的前任是夏王朝的最后一个王——夏桀。他很残暴，百姓都不喜欢他，所以我打算替天行道，把他赶跑。打仗是有技巧的，我先灭了几个听他话的小国，壮大自己的势力，最后在鸣条（今山西夏县）一击绝杀。但我没有杀夏桀，只是把他流放到了南巢（今安徽巢湖）。

· 认奴隶为师

我有个很厉害的帮手叫伊尹，他原本是个很会做饭的奴隶，后来我发现他很有见识和思想，就经常听取他的意见。他厉害到什么程度呢？在讨伐夏桀这件事上，是他帮我挑选的时机，也是他帮我制定的战略。商朝刚建立的时候，他帮我制定了很多典章制度，还规范了甲骨文的使用。

· 把自己当祭品

我很心疼百姓。有一年遇到大旱灾，我的子民都快饿死了。为了祈求上天，我叫人把自己绑起来当祭品，跪在祭坛上求雨。我还没死，雨就下起来了。从此，我的子民就更爱戴我了。

· 网开三面

有一次，我外出的时候看见一个人正在到处挂网捕捉鸟兽，东南西北四面都挂上了，还跪地祈祷让所有的鸟兽都进他的网里去。这样捕尽捉绝，不是夏桀的行为吗？太残忍了！于是我让人撤掉三面网，只留了一面。我还告诉大伙，对待鸟兽也要有仁德之心。后来，就有了“网开三面”这个成语。

一语点评

成汤伐夏开启了中国历史上以武力夺取天下的先河，被后人称为“顺乎天而应乎人”。他重用能臣，规范制度，发展经济，重视礼仪，开创了中华文明的第一个高峰。

第一位女将军——妇好

我叫妇好，是殷商第二十二任王武丁的王后。我上得庙堂，下得战场，将摇摇欲坠的商朝拉回正轨，为“武丁中兴”立下了汗马功劳。

· 我是女祭司

我生活的那个年代，国家有两件大事——祭祀和战争。先说祭祀吧，上至君王下至奴隶，都信奉祖宗和神灵，国家大事要通过占卜祈问鬼神来决定。负责与祖宗和神灵沟通的人就是祭司，有着崇高的地位。我就是这样一个女祭司，主持过祭祀祖宗和神灵的各类典礼，是国家重大事务的决策者之一。

· 我是女将军

国家的另一件大事就是战争。我巾帼不让须眉，是中国历史上第一位女将军。我经常领军讨伐周边的部族，打了很多胜仗。当时全国人口不多，军队的数量就更少了，几千人的战斗就算颇具规模了。但我曾经率领一万三千多人出征，那是殷商历史上规模最大的战争之一。

· 我是好妻子

由于功绩显赫，武丁赐予了我封地。在我的地盘上，我说了算。女子受封土地，这在历史上是罕见的。

我经常在自己的封地工作或者领军出征，并不是每天都和丈夫住在一起，但我俩的感情非常好。丈夫武丁对我关怀备至。他还很关心我的健康，当我牙痛、肚子痛时，他都通过占卜祈求我能早点儿康复。

· 我是收藏家

我在三十多岁的时候去世，我的丈夫很悲痛，他没有把我埋葬在王陵，而是葬在了王宫附近，这样他就能经常去墓地看望我。后世的盗墓贼都把注意力放在了王陵，我的墓地反而逃过了破坏。我陵墓里的青铜器和玉器共计近两千件，都非常精美，它们是后人研究殷商历史文化的重要资料。

一语点评

商朝女子可以与男人一起治理国家、领兵打仗，妇好就是其中翘楚，她的一生充分证明了女子在政治和军事舞台上也能做出一番大事业。

算命大师——周文王

我叫姬昌，我和我儿子姬发一起开创了西周王朝，大家一般叫我“周文王”，叫他“周武王”。我一生中干了不少好事，也打了不少仗，算是为我儿子铺了条不错的路。

· 羑里之厄

我原本是商王朝的方伯，被称为“西伯”，即西方诸侯的老大。当时的商王叫帝辛，也就是纣王。他英勇无双，但脾气不好，为人很残暴。那会儿我带领的周国日益壮大，纣王有些忌惮，就把我关押在羑（yǒu）里城（今河南汤阴）。我的大臣们给纣王送了不少好东西，纣王看我老实，就把我放了。可惜啊，我马上就要成为他最强大的敌人了。

· 推演六十四卦

我爱占卜，在占卜界小有名气。我坐牢的时候也没闲着，在八卦的基础上琢磨出了新的六十四卦。群经之首——《周易》里有我不少心血，千万别只把它当成一本预测未来的工具书，它可是探究万物规律和人生哲学的巨著。

· 以德服人

我在诸侯国中的口碑很好，可以说德高望重。有一回，虞国人和芮国人吵得不可开交，闹到了周国，想让我给个说法。结果他们发现我们周国的种田人都不争地，反而让来让去的，当即觉得十分尴尬，便各退一步作罢。诸侯听说后都觉得我是天命所归，一些小国也都来归附我。

· 三分天下有其二

我在抢地盘这件事上颇有心得。除了主动归附的小国，我还夺取了不少土地。短短几年内，形成“三分天下，其二归周”之势，对商朝都城形成钳形包围。后来我的儿子姬发在牧野以少胜多大败纣王，商朝就这么玩儿完了。

周文王和周武王是中国历史上颇负盛名的明君，孔子以“一张一弛，文武之道”来形容他们宽严相济的治国之道。二人所开创的西周王朝是中国奴隶制社会的巅峰，其制度和文化也对后世产生了深远的影响。

华夏第一相——管仲

我叫管仲，是春秋时期法家的代表人物。我辅佐齐桓公数十年，助齐国称霸中原，被誉为“华夏第一相”。

· 一箭之仇

当初，公子小白和公子纠争夺齐国王位，我是公子纠团队的。我为公子纠出谋划策，还射了公子小白一箭。

可惜我押错了宝，最后公子小白赢了，成了齐桓公。作为公子小白的仇人，我理应被处死，但我的好哥们儿鲍叔牙在公子小白跟前大力举荐我，我才得以活命，后来还当了齐国国相。

· 管鲍之交

说起鲍叔牙，他可算得上我的铁杆儿哥们儿。年轻时，我俩一块儿做生意，赚了钱，我拿大头，他拿小头；我俩一块儿去打仗，我是能逃命就逃命，全然不顾他的死活。但鲍叔牙从来都不嫌弃我，他始终认为我自有原因，我的才华只是没有机会施展而已。

· 兴国有方

我刚当国相的时候，齐国又穷又乱。为此，我促农业，兴工商，这样百姓就有钱了；我统一铸造货币，倡导以法治国，制定了一套任命、提拔和考核各级官吏的办法，这样国家就安定了。我还搞出了历史上最早的自然环境保护法，禁止滥伐滥捕，可以说非常有远见。经过我大刀阔斧的改革，齐国国力大振。

· 尊王攘夷

为了提升齐国在春秋列国中的地位，我帮齐桓公想出了一个充满智慧的外交口号——尊王攘夷。

说直白点儿，就是“挟天子以令诸侯”。得亏齐国实力强大，我们主持了不知道多少次会盟，又以武力威逼楚国向周天子纳贡，还很仗义地帮燕、邢、卫等国抵御了外族的入侵。

一语点评

管仲是古代著名的政治家、军事家、经济学家，在他的辅佐下，齐桓公成为春秋第一个霸主。其“尊王攘夷”的策略保护了中原地区经济文化的发展，为中华文明的存续作出了巨大贡献。

“退避三舍”的霸主——晋文公

我姓姬，名重耳，是晋献公之子，曾被迫流亡在外十九年，尝遍人间冷暖。归国即位后，我励精图治，成为春秋时代的第二位霸主。

· 流亡十九年

我只是父亲众多儿子中的一个，非常普通。从 42 岁开始，我的命运急转直下，先是被父亲的宠妃骊姬迫害，父亲去世后，我又被新任国君不断派人追杀。不得已，我在翟国避居 12 年，此后 7 年又辗转于卫、齐、楚、秦等国。故土漫漫，寄人篱下，受尽屈辱，一度沦落到需要向村民讨饭吃的境地。

· 登上王位

流落到秦国的我，在秦穆公的协助下，兵不血刃，迅速取代侄子晋怀公登上王位。19 年的流亡之苦，没让我丧失理性，相反，我上位后首先作的就是整顿内政、安定人心，解决几十年来各大家族间互相倾轧的问题。昔日的政敌看到我厚道宽仁、不计前嫌，纷纷放下成见，倾心归附。

· 闻善则赏

一天，我在虢（guó）国的故土上打猎，碰到一位老者。我问："您住这儿很久了，对虢国灭亡有什么看法？"老人答道："虢国国君自己不能决断国事，忠言进谏他也不听，不能决断而又不重用贤才，这就是虢国灭亡的原因。"

我听后很受启发，于是赏赐了老人。从此，晋国"闻善则赏"的风气渐渐形成。

· 退避三舍

当年我在楚国避难时，曾跟楚成王承诺过，若两国作战，晋国一定"退避三舍"。因此，晋楚城濮之战开战后，我命令晋军后撤了九十里（即三舍）。其实，我也是为了避开楚军锐气，引诱他们进入我军的包围圈……凭借此战，我不仅战胜了楚国，也在事实上确立了中原霸主的地位。

一语点评

晋文公的一生颇为传奇，流亡时他尽尝疾苦却安之若素。即位后他冰释前嫌，选贤任能，迅速理国治军、修明内政，有很高的政治智慧。

春秋第一人——子产

我叫公孙侨，字子产，是春秋时期郑国的王孙。执掌国政后，我力挽狂澜，带领郑国成功逆袭，连孔子都对我推崇备至。

· 给亲爹泼冷水

我年轻的时候，北方的晋国和南方的楚国打得不可开交，我们郑国夹在中间，相当尴尬。

我爹公子发带兵去打楚国的附庸国蔡国，得胜归来，高兴坏了。我却泼冷水说："郑国这么弱小，还去惹事，以后楚国和晋国轮番来找我们麻烦，还会有好日子过吗？"这可把我爹气坏了，可后来的事实证明我说的一点儿都没错。

· 平定叛乱

公元前 563 年，郑国发生叛乱，我爹和几个重要人物都被杀死在朝廷上，国君郑简公也被劫持了。多亏我沉着冷静又机智无双，先是有条不紊地安排好门卫，设置好负责人，关闭府库，做足了防守准备；接着又搞来十七辆战车，让士兵们列好队，这才开始反攻。在我的一系列操作之下，很快便救出国君，并诛灭了叛乱者。

· 不毁乡校

由于国君的信任，我担起了管理郑国的重任。当时郑国的乡间有一种叫“乡校”的组织，老百姓经常在那里议论国家大事，一些贵族对此很生气。有人建议我取消乡校，可这没道理啊！百姓爱议论国事，我正好借此了解他们的喜恶，有利于我施政啊。

· 铸刑于鼎

在我之前，国家刑律的具体内容是不公开的，贵族犯了错，很少会受到处罚。我干脆把“刑书”铸在铜鼎上，并公布于众，让百姓知道。

这样一来，律法的作用就体现出来了。这可是中国历史上第一次正式颁布成文法典。

子产执政郑国二十余年，通过一系列卓有成效的改革，把一个风雨飘摇的国家治理得有模有样。因此，他深受民众爱戴，被后世推崇为“春秋第一人”。

骑青牛的太上老君——老子

我叫李耳，生活在春秋末期，是道家学派的创始人和主要代表人物，与庄子并称"老庄"。我写的《道德经》，是全球文字出版发行量最大的著作之一。

· 图书管理员

我年轻时在周朝的"皇家图书馆"工作过，能接触到很多图书。在那个年代，书籍可是奢侈品，别说平民了，就算一般的贵族子弟也看不到那么多书。得益于此，我很快就成为一个博学的人。后来我受到权贵排挤，被免去图书馆的职务，我干脆离开周王室，开始到处游历。

· 孔子问道

游历鲁国期间，我遇到了孔子，他比我年少很多，但很有礼貌，向我行礼请教。曾经有一次，我们在黄河边探讨学问。我问孔子能从黄河水中看到什么，孔子答道："时间如河水，昼夜不停地流逝。"孔子问我能从水中看到什么，我说："水能滋润万物却不夸耀自己的功劳，是最接近'道'的东西。"

· 紫气东来

我年纪越来越大，周王朝也越来越衰败，我打算出函谷关去隐居。把守函谷关的长官叫尹喜，一天，他发现紫气东来，便知道有贵人要来临。这时我骑着青牛出现了，尹喜很高兴地迎接了我。我给尹喜留下了一篇五千字左右的著作，这就是后来的《道德经》。

道炁長存

· 后世加封

我在后世的影响力太大了，以至于李渊建立唐朝后追认我为他们家的老祖宗，并将道教定为唐朝的国教。大家都姓李，本来就是一家人嘛，就这样，我成了唐朝的“保护神”。

法遵自然驭人神

到了北宋时期，我又被奉为“太上老君”。对，就是《西游记》里面那个骑青牛的太上老君。

一语点评

老子是伟大的思想家、哲学家，是公认的“百家之祖”，春秋和战国时期的各家学说多多少少都受了道家学说的影响。他留下的《道德经》一书，也影响了全世界。

四处流浪的“圣人”——孔子

我是孔子，本名孔丘，春秋时期鲁国人。我当过官，写过书，我所创立的儒家学说对中国和世界都产生了深远的影响。我最自豪的身份还是老师，我坚信教育改变人生。

· 创立儒学

我自幼熟悉传统礼制，青年时便以广博的礼乐知识闻名于鲁国，从事儒者之业。中年，我聚徒讲学，从事教育活动。春秋时期，礼崩乐坏，天下大乱。于是，我大力呼吁仁爱、礼治、忠信等价值观念，创立了儒家学说。

· 周游列国

遗憾的是，鲁国国君对儒学不感兴趣。于是我开始周游列国，其实是在寻找伯乐。我先后去过卫、曹、宋、郑、陈、蔡、楚等国，碰了许多钉子，受了很多屈辱。有一回，我路过陈国、蔡国一带，正好楚昭王让人去请我。

而陈国、蔡国的大夫怕我到了楚国对他们不利，因此发兵在半路上把我截住。我被围困在那里，断了粮，几天都没吃上饭。后来，楚国派了兵来，才给我解了围。

· 拜七岁孩子为师

我在莒国游历时，遇到了一个七岁的小孩，他就是神童项橐（tuó）。他在地上画了座城池，硬让我"绕城而过"，不得踏城直进。项橐年纪虽小，却能言善辩，很有智慧，我决定拜他为师。身边的人，无论他的年龄、身份，只要有比我优秀的地方，都可以成为我的老师。

· 弟子三千

上年纪后，我返回鲁国，专心教学。我提倡"有教无类"，把受教育的范围扩大到平民，顺应了当时社会发展的趋势。我的弟子多达三千人，其中著名的有七十二位贤人。

一语点评

孔子提倡复古礼，以仁爱兴学，是先秦时期最有影响力的思想大家之一。他的学说在乱世没有被统治阶级采纳，但随着大一统的汉朝独尊儒术，此后历代都被奉为治国之本。

最能“吃苦”的霸主——勾践

我叫勾践，是春秋时期最后一位霸主，我带领越国打败了死对头吴国。当然，我也打过败仗，但忍辱负重是我的强项，我卧薪尝胆的故事人尽皆知。

· 冤冤相报何时了

我和吴王夫差的恩怨，至少要上溯到我们的祖父辈。那些年，不是越国攻打吴国，就是吴国攻打越国，一直没完没了。我的父亲允常去世后不久，夫差的父亲阖闾就出兵攻打越国。我沉着应战，抵抗了吴国的入侵，阖闾也在这场战争中受重伤死掉了。这下夫差怎么可能善罢甘休？唉，冤冤相报何时了……

· 兵败求和

我听说夫差日夜秣马厉兵，准备攻越，于是决定先发制人，进兵吴国。可我小看了夫差，他按照吴国大夫伍子胥的计策，把我打得节节败退。我被迫向夫差求饶，表示愿意俯首称臣。伍子胥告诫夫差要斩草除根，可惜他没听，而是收了越国大块土地后把我放了。

· 卧薪尝胆

回到越国之后，我发愤图强，准备复仇。我怕自己贪图舒适的生活，消磨了复仇的志气，晚上就枕着兵器，睡在稻草堆上。我还把苦胆挂到座位上，坐卧即能仰头尝尝苦胆，吃饭的时候也会尝尝苦胆，提醒自己不忘兵败之耻。经过十年的艰苦奋斗，越国终于兵精粮足，转弱为强。

· 灭吴雪耻

公元前 482 年，我趁夫差北上和晋国争夺盟主之时，突袭吴国并大获全胜，但因当时越国尚不具备灭吴的实力，因而接受了夫差的求和。九年后，我又挑起吴越战争。终于到了决战的日子，越兵所向披靡，杀入吴国国都，夫差兵败自尽。吴国就此灭亡，我也算彻底报了仇。

一语点评

夫差骄傲轻敌、刚愎自用，导致灭国；勾践忍辱负重、精心筹谋，最终称霸。勾践以民为本的思想和自强不息的精神也得到了后世的高度评价，被司马迁誉为“贤”。

千古第一木匠——鲁班

我叫鲁班，是生活在春秋末期到战国初期的一名木匠。由于我的许多发明极大提高了劳动生产效率，因此我被后世尊为土木和建筑业的祖师爷。

· “鲁班”不是我本名

其实我不姓鲁，而是姬姓，公输氏，名班。因为我是鲁国人，所以大家才叫我“鲁班”。我很喜欢这个名字，能为自己的国家“代言”，我很自豪。我出生于木匠世家，从小就跟着家里人练就了好手艺。

· 发明锯子

有一次，我进山砍树时，不小心脚下一滑，手被一种野草的叶子划破了，渗出血来。我摘下叶子轻轻一摸，原来叶子两边都长着锋利的小齿，我的手就是被这些小齿划破的。我从这件事上得到了启发：要是有这样的齿状工具，不是就能很快地锯断树木了吗？于是，锯子就此产生了。

· 发明石磨

石磨也是我发明的。我用两块比较坚硬的圆石，各凿上密布的浅槽，合在一起，用人力或畜力使它转动，谷物就被磨成粉状了。在此之前，人们加工粮食是把谷物放在石臼里用杵来舂捣，石磨的发明则把杵臼的上下运动改为旋转运动，使杵臼的间歇工作变成连续工作，这大大减轻了劳动强度，提高了生产效率。

· 和墨子的较量

我曾为楚王效力，为楚国制作过云梯、钩强等军事器械。那时，楚国正准备攻打宋国，呼吁和平的墨子赶来劝阻楚王。在王宫中，我和墨子以衣带为城，以竹片为器，进行了一次攻防演练。无论我怎么攻城，都被墨子一一化解。那一刻，我终于明白了，战争不是解决矛盾的唯一办法，和平才是大家共同的期待。

一语点评

鲁班是中国木工技艺的代名词，也是中国古代科技发展的杰出代表。两千多年来，大家把劳动人民的集体创造和发明都归功于他，他已经成为劳动人民智慧的象征。

平民思想家——墨子

我是墨子，名翟，生活在春秋末期到战国初期。我曾担任宋国大夫，是墨家学派的创始人和主要代表人物。

· 替底层人民说话

我生活的那个年代有点儿乱，国与国之间总打仗，老百姓是战争的最大受害者。

我替他们说话，提出了“兼爱”和“非攻”的主张，也就是呼吁大家友爱、和平。我的观点得到了底层劳动人民的拥护。我也积极游走于各个国家之间，尽力阻止战争的发生。

· 与鲁班的较量

有一次，楚国要攻打宋国，木匠鲁班还打造了许多先进器械，准备攻城之用。我得知这个消息后，穿着草鞋，步行了十天十夜来到楚国，打算说服楚王和鲁班放弃战争，可他俩都不愿意。于是我解下衣带，围成城墙的样子，又用木片作为器械，与鲁班进行攻守演练。无论鲁班如何攻城，我都能抵挡得住。最终，楚王和鲁班只得取消战争计划。

· 擅长说服人

我很擅长说服别人。比如我有个学生不想好好学习，借口说他的族人没有爱学习的。我说：“如果一个人爱美，他不会因自己的族人都不爱美，而放弃自己对美的追求；一个人向往富贵，也不会因族人都不想富贵，而放弃自己对富贵的追求。同样，你不应该因为族人不学习，而放弃学习。”我用这个方法说服了他。

· 爱科学，会总结

我总结了很多数学和物理理论，提出了“倍数”“等分”等概念，并且对正方形、圆形进行了定义。这些在你们看来都是常识，但在两千多年前，我是第一个对这些基本概念进行总结和定义的人哦。此外，我还提出了“动”和“止”的概念，这比世界上其他科学家早了一千多年呢！

一语点评

墨子创立的墨家学说是诸子百家中覆盖学科范围最广、最为贴近底层劳动人民的学说之一，因此他也被后世称为“平民思想家”。

伟大的变法者——商鞅

我本名卫鞅，因辅佐秦孝公变法有功被封商於，故史称“商鞅”。经过我的变法，秦国的经济得到发展，军队战斗力不断加强，成为战国后期最富强的集权国家。

· 西行入秦

起初，我只是魏国丞相公叔痤手下的一名机要秘书，公叔痤弥留之际向魏惠王举荐我，并嘱咐魏惠王，若不重用我，就杀掉我以绝后患。

可惜啊，魏王不听劝，既没杀我也没用我。备感前途渺茫之际，秦孝公一纸求贤令给了我希望。于是，我背起行囊，西行入秦。

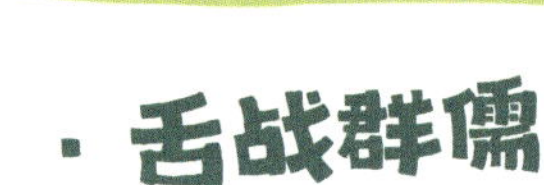

· 舌战群儒

我以霸道之术强秦、实施变法的想法与秦孝公一拍即合。透过秦宫幽暗的灯火，我看到了秦孝公推行改革的决心。变法第一大阻碍是犬牙交错的旧势力。甘龙、杜挚等守旧贵族纷纷发难，认为只有遵循圣人礼法才符合秦国的利益。我不卑不亢，舌战群儒，认为改革必须超越现行礼法，只要对国家有利，什么都可以变。

· 徙木立信

为了让秦人重信守法，我在城外竖起三丈长的木头，悬赏十金奖励第一个把它从南门搬到北门的人。

百姓们议论纷纷，没人相信会有这样的好事。奖励增加到五十金！终于有人搬走了木头，我也信守承诺，给了他赏赐。整个秦国轰动了。从此，变法一路通途。

· 惨遭车裂

河西一战，我个人声望达到顶峰，老朋友赵良劝我激流勇退，我没听。不久后，孝公病逝，我的靠山轰然倒塌。多年来引而不发的秦惠文王和守旧贵族开始反攻，我被执行最惨烈的车裂之刑。回顾我这如同飞蛾扑火的一生，虽九死犹未悔。我死后，秦国新法的车轮并没有停下，而是一路滚滚向前。

商鞅为自己的政治理想鞠躬尽瘁，他留下的法治思想震古烁今，给中华民族带来的影响举足轻重。经过变法，秦国变得越发强大，最终实现了统一六国的壮举。

意志坚韧的军事奇才——孙膑

我叫孙膑，是“百世兵家之师”孙武的后人。虽然我遭人陷害受了酷刑，但我的脑子依然好使，足够让我帮齐国打几场大胜仗。

· 孙武后裔

我有个大名鼎鼎的祖先叫孙武，他是春秋时期了不得的军事奇才，世人一般尊称他为“孙子”，那部享誉天下的兵书《孙子兵法》就是他写的。那本书里有很多重要的思想，如“知己知彼，百战不殆”等。后来我也写了一部兵书，叫《孙膑兵法》，很好地继承和发展了孙武的军事思想。

· 遭同学陷害

我原本和庞涓一起学习兵法，后来他去魏国当将军。我们本来相安无事，他却嫉妒我学得比他好，把我骗到魏国，捏造罪名砍了我的双足，还在我脸上刺字，想让我成为废人。还好齐国使者知道我是个人才，偷偷把我带回了齐国。

从此我就帮着齐国对付魏国，好让庞涓这个坏小子知道我的厉害。

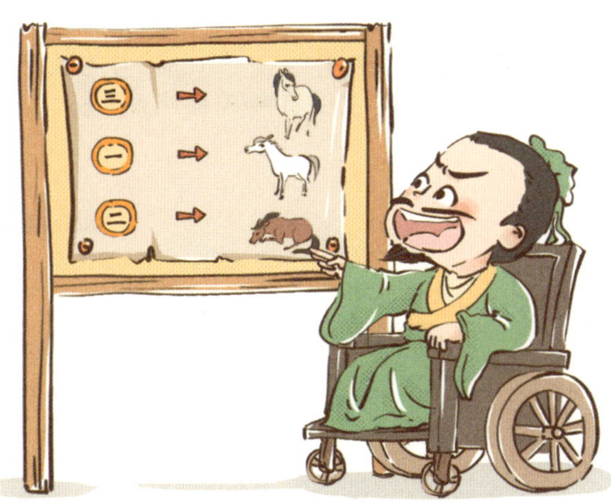

· 田忌赛马

齐国有个名将叫田忌，和齐威王赛马，输得一败涂地。他的马本就不如齐威王的马，傻乎乎地拿同级别的马出去比，能不输吗？我就给他出主意，用他的下等马与齐威王的上等马比赛，而他的上等马和中等马分别与齐威王的中等马和下等马比赛，三局两胜，轻松搞定！

· 围魏救赵

有一年，魏国攻打赵国，包围了赵国都城邯郸（今河北邯郸）。赵国向齐国求救，我就提议佯攻魏国都城大梁（今河南开封）。我那坏同学庞涓果然中计，慌忙撤军回援。我的人马就在魏军必经的桂陵（今河南长垣西北）把他们打了个落花流水，还生擒了庞涓。坏人总会有恶报的！

一语点评

孙武和孙膑是中国古代历史上难得的军事人才，分别被誉为“兵圣”和“计圣”。孙武的军事思想蜚声中外，对后世影响极为深远；孙膑的“田忌赛马”“围魏救赵”等谋略故事也一直为人们津津乐道。

推行仁政的“亚圣”——孟子

我叫孟轲，是战国时期邹国人，大家一般称我为“孟子”。我继承与发展了儒家学说，与孔子并称“孔孟”。

· 孟母三迁

我幼年丧父，与母亲相依为命。一开始，我家在墓地旁边，我就和邻居的小孩一起学着大人跪拜、哭号，玩起办丧事的游戏。母亲无奈，就带着我搬到市集。到了市集，我又学起商人做生意吆喝的样子。

母亲又带着我搬家，到了屠宰场附近，可我又学起了屠宰猪羊的事。

第三次，母亲带着我搬到了学校附近。很快，我对学习产生了兴趣，开始学习礼仪。母亲很高兴，我们就在那里定居了。

· 断织喻学

最初，我对学习很有兴趣，可时间一长就厌烦了，经常逃学。母亲知道后非常生气，拿起刀来，把织布机上的经线割断，对我说：“学习就像织布一样，要一丝一线地积累。现在线割断了，布就织不成了。你要是经常逃学，怎么能学好知识呢？”自此，我不再逃学，一直认认真真地学习。

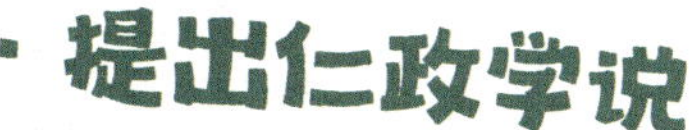

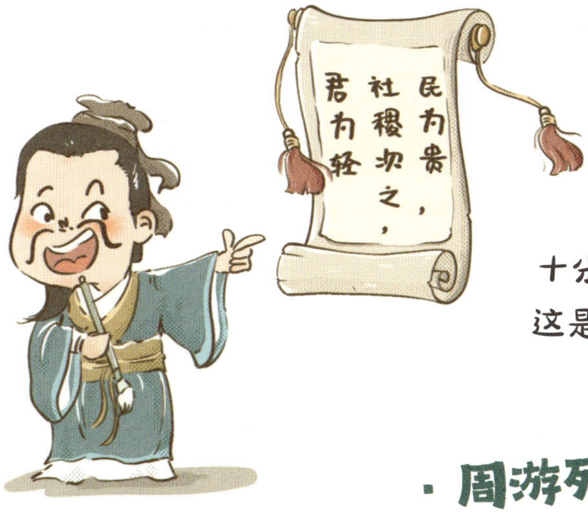

· 提出仁政学说

我根据战国时期的经验，总结各国治乱兴亡的规律，提出了“民为贵，社稷次之，君为轻”的仁政学说。我认为如何对待人民这一问题，对于国家的治乱兴亡，具有极端的重要性。我十分重视民心的向背，通过大量历史事例反复阐述这是关乎得天下与失天下的关键问题。

· 周游列国

和孔子一样，中年后的我也带着学生“周游列国”，先后去了齐、梁、宋、滕、鲁等国。到了这些国家后，我非常正直地指出国君的错误，并宣传我的仁政学说。可是他们听不进批评，我也就得不到重用。晚年，我只能回到邹国，在那里传道授业。

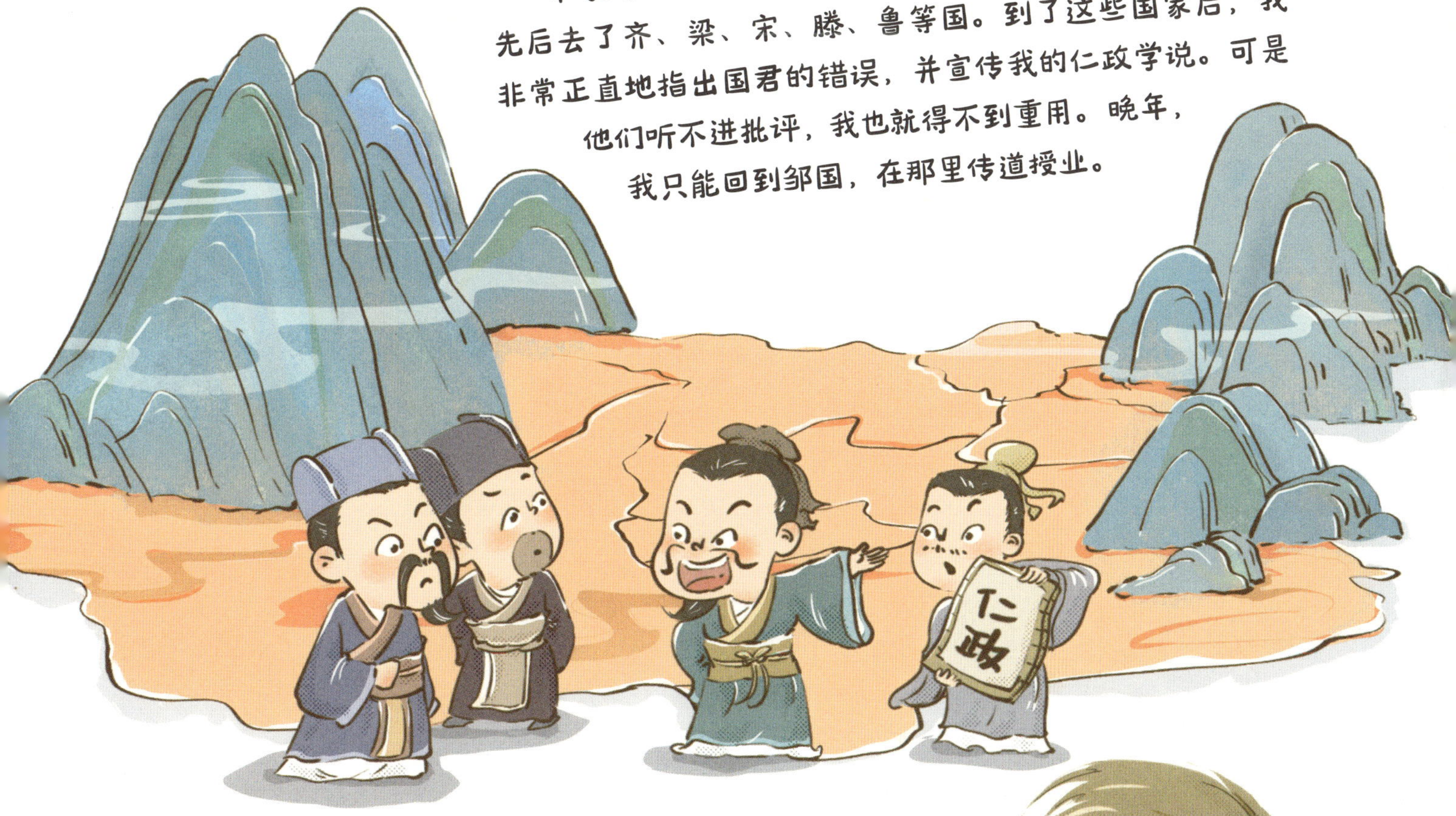

一语点评

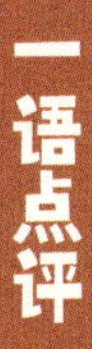

孟子的地位仅次于孔子，被后世尊称为“亚圣”。他的思想学说，对唐宋之后的中国产生了深刻且巨大的影响。

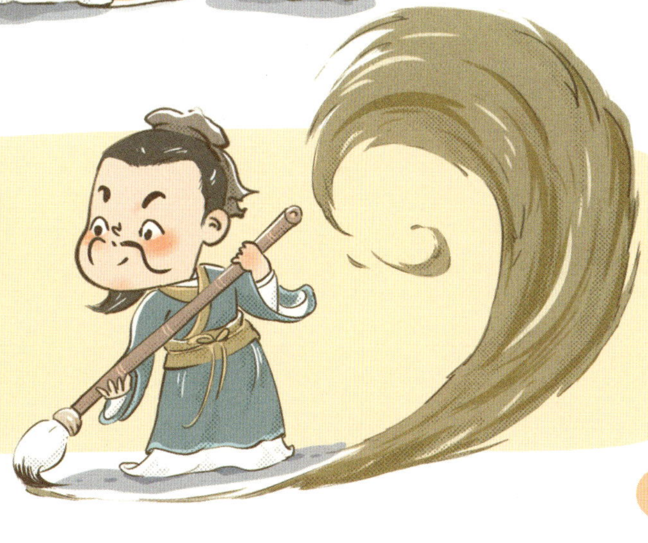

爱做梦的大师——庄子

我是庄周，生活在战国乱世，是道家的代表人物，大家都叫我“庄子”。唐朝时，我还被玄宗皇帝诏封为“南华真人”。

· 漆园吏

我年轻时曾做过宋国的一个小官——漆园吏。漆园是负责漆树种植、生漆生产的地方，我的工作就是管理漆园和漆匠们。虽说漆在我们那个时代只有贵族和有钱人才能用上，算是奢侈品，但我这个职位与其说是官，不如说是个工头。

· 曳尾于涂中

其实，我是有机会做大官的，楚王曾派两位大夫来请我。我对他们说：“听说楚国有一只神龟，死的时候已经有三千岁了，国王用锦缎将它包好放在竹匣中珍藏在宗庙的堂上。”

“这只神龟，它是宁愿死去为了留下骨骸而显示尊贵呢？还是宁愿活在烂泥里拖着尾巴爬行呢？”两位大夫说：“宁愿活在烂泥里拖着尾巴爬行。”我说：“你们回去吧！我宁愿像龟一样在烂泥里拖着尾巴活着。”

·濠梁之辩

惠施是我的同乡兼好友，我们经常辩论。一次在濠梁上，我看着水里的鱼说：“鱼在水里悠然自得，这是鱼的快乐啊！”惠施说：“你不是鱼，怎么知道鱼的快乐呢？”我说：“你不是我，怎么知道我不知道鱼的快乐呢？”惠施说：“我不是你，固然不知道你；你不是鱼，你不知道鱼儿的快乐，也是完全可以断定的。”

·庄周梦蝶

还有一次，我梦见自己变成了一只蝴蝶，飘飘荡荡，十分轻松惬意。这时，我完全忘记了自己原本是庄周。过了一会儿，我醒来了，惊惶不定之间，对自己还是庄周感到十分惊奇和疑惑。

我认真地想了又想，不知道是自己做梦变成了蝴蝶呢，还是蝴蝶做梦变成了我……

庄子在哲学思想上继承和发展了老子“道法自然”的思想观点，使道家真正成为一个学派，庄子与老子并称“道家之祖”。

三闾大夫——屈原

我叫屈原，是战国末期楚国的贵族。我一心辅佐楚王对抗虎视眈眈的秦国，遗憾的是，楚王和大臣们昏庸不堪，不听我的话。郁闷的我，只能写诗来抒发情感。

· 年少有为

我出生于楚国一个显赫的贵族家庭，少年时受到过良好的教育，我博闻强识，志向远大。

起初，我深得楚怀王信任，曾任左徒、三闾大夫等要职，兼管内政外交大事。我提倡"美政"，主张对内举贤任能、修明法度，对外力主联合齐国、对抗秦国。

· 惨遭流放

然而，楚国的一些守旧贵族不断地诽谤我，渐渐地，楚怀王也开始不信任我了。我先后被流放至汉北和沅湘流域。在我被流放期间，楚国和齐国断交，秦国对楚国频繁进攻。公元前 299 年，楚怀王前去秦国赴约，结果被扣押，三年后死在秦国。这样一来，楚国更加没有力量对抗秦国了。

· 以诗明志

不得志的我，只好用诗歌来表达失望、无奈和愤怒之情。我写下了《离骚》《天问》《九章》等名篇，均流传后世。

在我的作品里，我和神灵对话，和上天对话，通过景色描写来表达我的心情，开创了“楚辞”这种诗歌体裁。政治上的失意，误打误撞地造就了我在文学上的成就。

· 自投汨罗

公元前278年，秦军攻克了楚国都城。我心灰意冷，于五月初五投汨罗江自尽。

我投江后，附近老百姓纷纷划船来打捞我的尸体，还用粽叶包着米饭投到江里喂鱼虾，祈求它们不要损坏我的尸体……从此，人们在五月初五这天划龙舟、包粽子来纪念我，这就是端午节的由来。

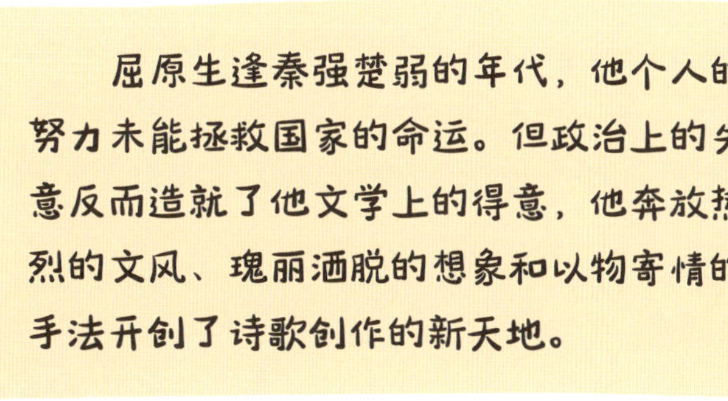

一语点评

屈原生逢秦强楚弱的年代，他个人的努力未能拯救国家的命运。但政治上的失意反而造就了他文学上的得意，他奔放热烈的文风、瑰丽洒脱的想象和以物寄情的手法开创了诗歌创作的新天地。

战国四公子之首——信陵君

我，信陵君魏无忌，魏安釐王同父异母的亲弟弟。我有三千门客，我两次拒秦，威震各国，司马迁评价我“天下无双”，后人亦推举我为“战国四公子之首”。

· 不耻下交

我出身高贵，但我交朋友从来不看对方的出身。我听说大梁城看门小吏侯嬴颇有才干，不惜花重金挖他来辅佐我。

侯嬴不爱钱，我就大摆宴席，把最尊贵的位子留给他，还亲自驾车接他以显重视。后来在赵国避难期间，为了结识薛公和毛公，我更是粗衣布裳去酒肆里、赌坊中找他们。

· 窃符救赵

公元前 257 年，秦国围困赵国都城邯郸，赵国求救于魏国，可我哥哥魏安釐王惧怕秦国，不敢出兵救赵。魏赵两国唇亡齿寒，若不去解赵国之围，秦国的下一站就是魏国。情急之下，我听取侯嬴之计，借哥哥的宠姬如姬之手窃得兵符，夺取魏国兵权，一举击败秦军，救援了赵国。然而，我却因此滞留赵国十年。

存魏却秦

十年后，秦国大军进犯魏国。魏安釐王终于想起了我，屡次三番派人请我回国救急。起初我是不愿意的，但薛公、毛公劝我说，如果魏国灭亡，我也就失去了立身的根本。

一语惊醒梦中人，我即刻收整行装，踏上归途，并靠多年积攒的声望在短时间内集结了韩、赵、楚、燕四国军队，合纵抗秦，一直把秦军逼退到函谷关。

郁郁而终

大胜秦军本是件高兴的事，可我哥哥的老毛病又犯了。他一直忌惮我的才华和声望，在秦王的挑拨下，再次剥夺了我的兵权。

那秦王也够阴损，派使者多次贺我称王，哥哥怎能不猜忌？心灰意冷之下，我终日与酒为伴，不到四年就耗尽了生命。

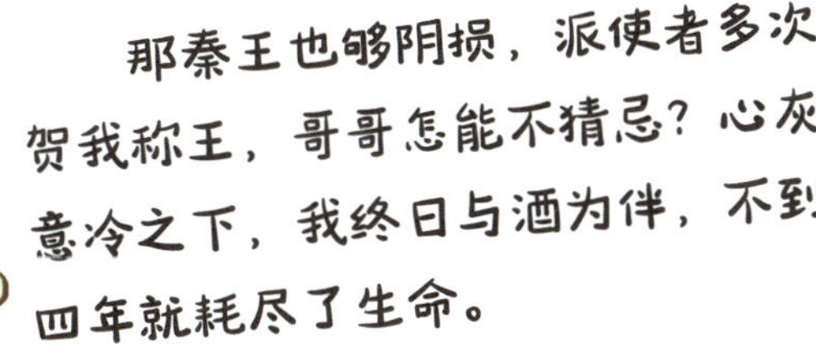

一语点评

战国四公子，唯信陵君所得评价最高。可惜他生不逢时，纵然一生都将魏国命运系于一身，还是免不了被亲哥哥猜忌，只能郁郁而终。

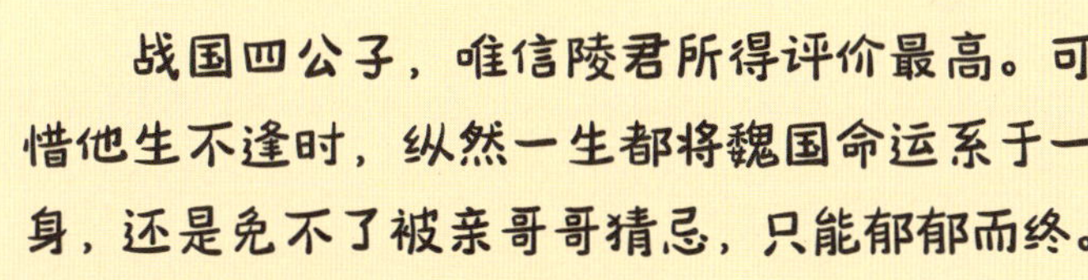

法律卫士——韩非子

我叫韩非，出身于战国时期韩国的宗室。我从小就接受了良好的教育，还形成了自己的思想，后世都尊称我为“韩非子”。秦始皇就是采用我的学说，统一了中国。

· 儒家叛逆者

我曾跟随荀子学习，他可是儒家的领军人物，但我的思想和他不太一样。

儒家希望大家向古时候学习，我却认为要从当今的实际出发，积极改变；儒家认为，贵族做错了事情不应受到刑罚，我却认为法律面前人人平等。这么一来，我成了儒家的叛逆者，转型为法家的代表性人物。

· 寓言达人

偷偷告诉你们，我不善言辞。为了更好地传播我的思想，我只好在文字上多下功夫喽！

我很擅长通过寓言来讲道理，你们听过“自相矛盾”的故事吗？那就是我写的一个寓言。我写的类似的寓言故事还有很多。

· 秦始皇很喜欢我

当时的秦王，也就是后来的秦始皇，读了我的文章，非常欣赏我，他特别想让我去秦国给他打工。

可我是韩国宗室啊，怎么能为秦国效力呢？霸道的秦王就发动了对韩国的战争，逼着韩国把我交出去。就这样，我来到秦国，跟秦王交谈了一番，他越来越欣赏我了。

· 被老同学坑了

正当我要飞黄腾达之时，我的老同学李斯不高兴了。秦王这么重视我，那李斯以后还能继续做丞相吗？这家伙对秦王说：“韩非是韩国的公子，才不会真心帮助秦国呢，您还是把他抓起来吧！”秦王听信李斯的话，把我抓了起来，后来李斯又指使人送毒药给我，逼着我自杀了。

韩非子是带有唯物主义色彩的哲学家、思想家和散文家，是法家的主要代表人物和集大成者。他的“刑名法术之学”，成为秦始皇建立统一的君主集权的封建国家的理论基础。

中国第一位皇帝——秦始皇

我叫嬴政，出生于公元前259年，是秦朝的开国皇帝。我是中国历史上第一个称“皇帝”的君主，所以我也被后人称为“秦始皇”。

· 统一六国

在我生活的时代，中国大地上诸侯林立，其中最为强大的有七个国家，各国间经常发生战争和纷争。我深知只有统一才能让人民过上安定、和平的生活。因此，我经过多年的征战和外交努力，于公元前221年统一了六国。在统一六国的过程中，我实行了许多改革，如推行统一的货币、度量衡和文字等，为国家的繁荣奠定了基础。

· 修建万里长城

为了保卫国家的边疆，我决定修建一座长城。这座长城不仅是一道屏障，更是强盛王朝的象征。我派遣了数百万劳工，经过多年的艰苦努力，终于完成了这项伟大的工程。

如今，长城已成为世界文化遗产之一，吸引着来自世界各地的游客前去参观。

· 焚书坑儒

为了统一思想，我下令焚烧除秦史外的各国史书和诸子百家著作，并坑杀了数百名儒生和方士。这一举动引起了很大的争议和批评，我就是希望通过这种方式禁锢人们的思想言论。

· 寻找长生不老药

我渴望永生，希望能永远统治我的帝国。我听信了一些方士的话，花费了大量的人力、物力去寻找长生不老药。当然，我并没有找到这种神奇的药物，我既没有长命百岁，就连秦王朝也很快灭亡了。

一语点评

秦始皇结束了战国纷争的局面，奠定了中国两千余年政治制度的基本格局，推动了社会的进步。同时，他推行严刑峻法、焚书坑儒、大兴土木、滥征徭役、妄图成仙等行为引起了农民起义，加速了秦朝的灭亡。

中国第一个起义领袖——陈胜

我叫陈胜，秦朝人。我是中国农民起义第一人，也是第一个农民政权缔造者。我的一生，是反抗的一生，也是战斗的一生。

· 穷归穷，志向大

我出生贫寒，小时候只能给地主家打工以糊口，可谓底层中的底层。但我不安于现状，一心希望做出一番事业。当打工的同伴质疑我痴心妄想时，我说："你们就像一群小麻雀，怎能理解展翅高飞的大雁的志向呢？"

· 被困大泽乡

公元前 209 年，我被征召去渔阳（今北京密云）服兵役。在大泽乡（今安徽宿州东南），我们遭遇滂沱大雨，错过了规定的抵达期限，这是要被判处死刑的。横竖是死，那还不如拼一把。我和好伙伴吴广商量了一下，决定带领九百名穷人士兵"造反"。

·“装神弄鬼”搞起义

在起义前，我和吴广用朱砂在一块绸帕上写了“陈胜王”三个大字，塞到渔民捕来的鱼肚里。同行的士兵买鱼回来吃，看到这个帕子，都觉得是老天爷给的启示。我又让吴广演了一出戏。他潜伏到营地附近的荒庙里，模仿狐狸的声音大声呼喊：“大楚兴，陈胜王！”一番“装神弄鬼”下来，大家都认定我是上天派来的救星。当我宣布起义的时候，大家纷纷拥护。

·建立张楚政权

起义军迅速壮大，我们攻下陈（今河南淮阳），建立了历史上第一个农民政权——“张楚”。这之后，我派出军队四处征战，梦想着推翻秦朝。可惜，成为王之后，我开始“飘”了，滥杀旧友，对手下人苛刻，我活成了我曾经最痛恨的样子。我一路吃败仗，最后死于我的车夫之手……

大楚

一语点评

陈胜从小就志向远大，有着超越一般农民的眼光和魄力，在历史上书写了浓墨重彩的一笔。他的失败，既有客观原因，也是他的个人主观原因导致的。

西楚霸王——项羽

我叫项羽，是战国末期楚国名将项燕的孙子。秦朝末年大起义时，我被大家推举为领袖，带头推翻了秦朝的残暴统治。可惜我在谋略上略逊一筹，最后被刘邦打败。

· 力能扛鼎

我从小就爱舞刀弄棒。当时，天下大乱，各地纷纷起义，我和叔叔项梁去联络桓楚一起反秦。

桓楚说除非我们能举起院中的大鼎他才服气，我走过去把大鼎举了起来，而且三起三落。那大鼎少说也有几百斤，大家都惊呆了。就这样，桓楚满口答应起兵。

· 破釜沉舟

叔叔项梁战死后，我成了楚军的首领，我带领数万军队在巨鹿遇上了四十万秦军。很多将士都害怕了，想撤退。我可不答应，打仗怎么能怕死呢？我们的军队渡过漳水后，我下令把船凿沉，把做饭的锅砸破。我告诉将士们，我们已经没有退路了，只有打败秦军才有活路。“破釜沉舟”之下，将士们都拼命战斗，终于把秦军打败了。

· 鸿门宴

不久，起义军队就把秦朝推翻了，我成了“西楚霸王”。当时起义军里还有一位首领叫刘邦，我身边的谋士范增劝说我杀了他，免得他跟我争当皇帝。于是，我就在鸿门设宴招待刘邦，准备借机杀了他。可在宴席上，我被刘邦的花言巧语所迷惑，并没有下狠心把他杀掉。

· 不肯过江东

没杀刘邦，是我一生最大的错。数年后，我被刘邦的几十万大军围在垓下，那真是“四面楚歌”啊！我率领八百骑兵趁夜突围，天亮后，我来到乌江边上，但身边将士所剩无几。有人撑着小船要接我渡江，保全性命，可我有何颜面再见江东父老？随后，我返身继续与刘邦的军队作战，直至自刎。

一语点评

项羽年少扛鼎，敢打硬仗，在秦末大起义中，他是战胜秦军的中坚力量。但他目光狭隘，勇有余而智不足，输给知人善任的刘邦也是必然。

斩白蛇的汉高祖——刘邦

我叫刘邦，是西汉开国皇帝。我对汉族的发展以及中国的统一有突出贡献，我也被称为“封建皇帝里最厉害的一个”。

· 泗水亭长

我出生于泗水郡丰邑（今江苏丰县）中阳里，在家中排行老四。我虽出身农家，但不喜欢跟家人一样从事农业生产，所以常被父亲训斥。我为人豁达大度，又乐善好施，个性洒脱豁达，不拘小节。早年曾因时常带人在家中吃住，与我的嫂子发生过矛盾。成年后，我做了泗水的亭长，算是一名最底层的小官。

· 斩白蛇起义

一次，我以亭长的身份押送徒役去骊山，很多徒役在半路逃走了。我估计等到骊山徒役也都逃光了，索性就把剩下的人全放了。

徒役中有十多个壮汉愿意跟随我，我就带着他们逃到芒砀山。其间，还发生了一件“斩白蛇”的“灵异”事件。自此，我拉起一支队伍，开启了我的反秦大业。

· 鸿门之宴

公元前206年，项羽率军抵达关中，驻军鸿门。项羽的谋士范增建议项羽趁机除掉我，项羽的叔父项伯将此消息告知我的谋士张良，张良劝我赴鸿门宴向项羽请罪。

宴会上，范增示意项羽动手，但项羽不听。范增又让项庄舞剑助兴，意在趁机杀掉我，但被项伯和我的部将樊哙解围。最终，我借口上厕所逃离了宴会。

· 垓下之战

鸿门宴之后，项羽进入咸阳，自立为西楚霸王，还封我为汉王。我只好忍气吞声接受封号，领兵入汉中，并烧毁栈道，以此麻痹项羽。

没过多久，我就拜韩信为大将军，重返关中，与项羽展开了长达四年的楚汉之争。最终，我在垓下之战中战胜项羽，夺得了天下。

一语点评

刘邦被认为是一位优秀的领导者，他在战争中展现出了非凡的勇气和决策能力。另外，他知人善用，能够充分发挥部下的才能，最终赢得楚汉之争。

受过胯下之辱的“兵仙”——韩信

我叫韩信，淮阴（今江苏淮安）人，是西汉开国功臣、军事家，汉初三杰之一。因善于用兵，我也被后人誉为“兵仙”。

· 胯下之辱

我年轻的时候很穷，又没有什么本事，乡里人大多看不起我。

我们当地有个屠夫，经常侮辱我，一次他在街上遇到我，挑衅道：“你要是不怕死，就拿剑刺我；你要是怕死，就从我这胯下爬过去！”说着便叉开双腿，要让我爬。我仔细地打量了他一番，低下身去，趴在地上，从他的胯下爬了过去。

· 由楚归汉

适逢天下大乱，我仗剑投奔项梁的反秦队伍，却在其麾下默默无闻。项梁战死后，我又归属其侄儿项羽的麾下，给他做护卫。我多次给项羽献计，他都不予采纳。万般无奈，我只好去投奔项羽的死对头——汉王刘邦。

· 萧何月下追韩信

可在刘邦的帐下，我依旧不受重用，刘邦只是让我担任一名管理粮饷的小官。我心灰意冷，决定逃离。刘邦的重要谋臣萧何听说我逃走了，来不及向刘邦报告，乘着月色便去追赶我。我被萧何的诚意感动，又跟随他回到刘邦的身边。这次有了萧何的举荐，刘邦拜我为大将军。

· 成也萧何，败也萧何

在楚汉之争中，我以杰出的军事才能横扫魏、赵、代、燕、齐诸国，并数次率兵支援刘邦。在垓下之战中，我更是击破项羽的楚军，最终迫使他自刎于乌江。

只可惜啊，“狡兔死，走狗烹；飞鸟尽，良弓藏”，刘邦在建立西汉后大杀功臣，我也因被人告发参与谋反，被吕后与萧何合谋杀死于长乐宫中。真是成也萧何，败也萧何！

一语点评

韩信擅长治军，善于指挥大兵团作战，是秦汉之际一流的军事家。他为刘邦建立西汉立下了汗马功劳，最终却因功高震主，惨遭灭族，不得不说是一大悲剧。

文人政治家——贾谊

我叫贾谊，是西汉初年哲学家、思想家和政论家。我年纪轻轻就当了官，可惜后来仕途坎坷，33 岁就英年早逝。

· 最年轻的博士

因为我饱读诗书且善于理论结合实践，21 岁就受人举荐成了当时最年轻的博士，也就是皇帝身边的大学问家。

文帝总给我们博士出题，不过他从来难不倒满腹经纶的我，于是没到一年我就被破格提拔为太中大夫，专门为文帝建言献策。

· 被贬长沙

我实在太优秀了，没多久文帝又想提拔我当公卿。这回好几个开国元勋都不干了，说我年纪轻轻就搞擅权乱政，硬生生让文帝疏远了我，后来还把我贬到长沙去了。即便如此，当听说他们中有人进了牢狱，我还是上书文帝请他以礼相待，也算以德报怨了。

· 受召长谈

我在长沙待了三年，文帝终于想起我来了，召我回京，却是在祭神的宣室接见的我，问的也都是与鬼神有关的事。我俩一直聊到半夜，他听得津津有味，对我赞赏有加，可这显然不是我的抱负所在啊！后来他让我到梁国给他的小儿子当太傅，也就是老师，可没多久这位小王爷就从马上摔下来死了。我非常自责，自此郁郁寡欢。

· 政论天下

我有一系列的高明政见，比如“割地定制”，即分封大量诸侯来削弱他们的力量，这个政策在后来的景帝、武帝时代都得到了延续。我提倡发展农业、加强积贮，这有利于百姓生活的安定。

我还提出统一铸币，文帝没理我，但武帝听了我的话。对于虎视眈眈的匈奴，我主张以德服人，争取匈奴民心，并为大汉赢得了长达三十多年的和平岁月。

一语点评

贾谊为后世留下了《过秦论》《治安策》《论积贮疏》等著名政论，他的才华与情操为后人广为传颂，因为他与屈原遭遇相似，所以他们二人被并称为“屈贾”。

下罪己诏的皇帝——汉武帝

我叫刘彻，是汉朝的第七位皇帝，也是汉朝在位时间最长的皇帝。在我五十多年的治理下，国家富强壮大，领土大幅扩张，开创了汉武盛世。

· 开创察举制

我当上皇帝之后，发现朝廷的重要官员基本上都出自功臣和外戚之家，也就是从贵族子弟里面挑选，并且爸爸做官、儿子接着做官。这个制度不能保证真正有才能的人得到重用。于是，我开创了察举制，要求各地官员在辖区内随时考察，选取人才并推荐上来，从而不拘一格提拔有才之士。

· 实行推恩令

西汉之初，分封了不少诸侯王，他们势力太大，威胁到了皇权。我执政前期，淮南王、衡山王阴谋叛乱，还好我果断镇压。另外，我实行推恩令，规定诸侯王可以将其封地分封给继承王位的嫡长子以外的子弟。这么一来，诸侯王分封的国越来越小，权势日益缩减，就没有力量对抗中央了。

· 北击匈奴

自汉朝创立以来，北方的匈奴就不断骚扰和掠夺我们。我先是派张骞出使西域，试图与大月氏结成军事同盟，夹击匈奴。遗憾的是，这个计划没有成功。

此后匈奴又不断侵犯，我提拔卫青、霍去病，对匈奴用兵。经过多年的征战，汉朝大军深入漠北，从此匈奴远遁。汉朝控制了西域诸国，使得丝绸之路畅通无阻。

· 下罪己诏

晚年的我开始飘飘然了，热衷封禅和郊祀，巡游各地，挥霍无度。我还迷信神仙，一心想着长生不死、永享富贵。而且，由于我多年用兵，造成国力大损，老百姓生活贫苦，农民起义频繁。人生的最后关头，我开始反省，写下罪己诏，向天下人认错。这也是中国历史上第一个罪己诏。

汉武帝是中国历史上杰出的政治家、军事家和战略家，他在位期间励精图治，将汉朝的发展推向顶峰。

北征匈奴的大将军——卫青

我叫卫青，是汉武帝时期的大将军。我的一生是战斗的一生，我多次出兵北征匈奴，和外甥霍去病一起捍卫了大汉江山。

· 悲惨童年

我的母亲是平阳侯府中的用人，父亲是在平阳侯府中做事的小吏。我出生后不久，就被送到生父家里抚养。但生父把我当成奴仆，让我放羊。

长大后，我不愿再在生父家里受苦，就回到母亲身边，做了平阳公主的骑马随从。这段经历虽苦，却磨练了我的意志。

· 龙城大捷

机缘巧合之下，我的姐姐卫子夫成了汉武帝的妻子。我也被汉武帝看中，被任命为车骑将军。公元前129年，汉军分四路抵抗匈奴入侵，其他三路都失败了，唯有我在龙城取得胜利。这可是汉朝抗击匈奴以来的初次大捷。通过此战，我也找到了对付匈奴大军的方法，即组织人数不多的精锐骑兵长途奔袭。

· 远征漠北

之后我每次率军出征，都长驱直入突袭匈奴王庭，把他们的指挥体系一下打残。高阙奇袭战中，我率领三万骑兵，袭击了匈奴右贤王，俘获一万五千多人。漠北之战中，我和外甥霍去病率军击溃了匈奴在漠南的主力，迫使他们逐渐向西北迁徙，十几年内再无力南下。值得一提的是，霍去病在此战中表现突出，甚至一路追击匈奴人到了狼居胥山。

· 为人低调

由于出身低微，我一直低调做人。我做了大将军后，汉武帝命令群臣见到我要行跪拜之礼，但大臣汲黯却依然行拱手礼。有人劝他向我跪拜，他却说：“因为大将军有拱手行礼的客人，就使他不受敬重了吗？”我知道后，更加尊重汲黯，经常向他请教国家和朝中的疑难之事。

卫青是中国历史上著名的军事家，他将骑兵战和突袭战推向了一个高峰，扫除了汉朝北部的边患，为强汉奠定了基础。

丝绸之路的开拓者——张骞

我叫张骞，是西汉时期的外交家。我曾两次出使西域，对丝绸之路的开拓有重大贡献，直接使其成为一条商业和文化通道。

· 第一次出使

公元前 138 年，受汉武帝派遣，我带着随从百余人从长安前往西域。此行是为了出使月氏，并说服他们与汉帝国结盟，夹攻匈奴。如此庞大的使团，规模之巨，相当于一小支军队。但庞大的人数也容易暴露目标，因此在出发后不久，我就被匈奴人擒获，随后被拘留，不得不在匈奴的领地滞留了十余年。

· 抵达月氏

匈奴人为了打消我出使月氏的念头，对我进行了种种威逼利诱，但均未达到目的。趁看守放松之际，我和随从立即逃脱。我没有返回故土，而是坚定地继续向自己的目的地——月氏进发。经过千辛万苦，我终于抵达月氏。我在当地逗留了一年，但始终未能说服月氏人，不得已之下只能返回汉朝。

· 被封为“博望侯”

我的第一次出使并没有达成最初的战略目的，但也并非毫无收获。凭借着对西域各国的了解，我直接参与了公元前 123 年春天的两次对匈作战。这两场战役，汉军统帅均为卫青，我作为校尉协助。得益于我提供的信息，战争取得了胜利，我也在战后被封为“博望侯”。

· 第二次出使

公元前 119 年，又是受汉武帝派遣，我率领三百多人的使团第二次出使西域，希望能和乌孙国结盟。由于乌孙内部动荡，我这次的使命也没有达成，但我派遣自己的副使分赴大宛、康居、安息、于阗等国展开外交活动，将汉帝国的影响传播到中亚各地，起到了“凿空”的作用。

张骞两次出使西域，是中国古代外交史上辉煌的一页，他的壮举引领中国走出了封闭的世界，打通了丝绸之路，拓展了国人的视野和格局，使其看到了外部广阔的天地。

史学鼻祖——司马迁

我叫司马迁，是西汉时期的史学家。我这一生做了一件值得自豪的事，那就是用了四十年的时间撰写了《史记》。

· 游历天下

我的父亲叫司马谈，曾担任太史令，也就是记录历史的官员。我二十岁时，父亲安排我去祖国各地游历，我从此爱上了游历。我的行程数万里，足迹几乎遍及全国。

我对自己所到之处的历史、地理、风土人情、轶闻趣事等，都作了深入的调查和详细的记录，这为我后来撰写《史记》积累了极为丰富的史料。

· 父授遗命

我的父亲有一个心愿，那就是像孔子那样编写一本史书。他临终前，拉着我的手说："我身为国家的史官，却没能写出一部像样的史书，想起来就痛心。你一定要完成我的这个愿望！"父亲去世后，我被任命为太史令，从此我就认真收集资料，调查记录，着手撰写《史记》。

· 遭受腐刑

公元前99年，将军李陵在一次与匈奴的战斗中惨败，投降了敌人。

我因替李陵说了几句公道话，激怒了汉武帝，被关进牢狱，并被处以腐刑。我的身心遭受了极大的打击，本想一死了之，但又想到父亲去世前的嘱托，我顽强地坚持了下来。我要撰写一本全面的史书，立一家之言。

·《史记》面世

如果从我20岁游历算起，我用了40年的时间才完成了《史记》的撰写。这本书一共五十多万字，记录了上自黄帝、下至汉武帝三千多年的历史。我以严肃认真的态度写历史，尽量客观公正地记录和评价历史人物。

这本书与宋代的《资治通鉴》并称为“史学双璧”，也被鲁迅先生誉为“史家之绝唱，无韵之离骚”。

一语点评

为了完成父亲的遗志，司马迁不畏腐刑，顽强度过了那段沉重、孤独、屈辱的岁月，以超出常人的忍耐与坚持，最终成就了《史记》一书。

放了十九年羊的大使——苏武

我叫苏武，陕西西安人，是西汉时期的外交家。40 岁时，我被汉武帝任命为大使前去匈奴。这一去啊，就是 19 年……

· 出使匈奴被扣

那时，匈奴和汉朝还不是好朋友。我一到匈奴就被扣留，匈奴人多次威胁利诱，想让我投降。我誓死不从，还对匈奴人说："我就算自杀也不会投降的，你们死心吧！"匈奴人非常无奈，把我关进大地窖里，不给我吃喝。我渴了就吃雪，饿了就咬毡毛吃，就这样几天也没死。

· 与野鼠抢食物

匈奴单于看我在大地窖里没饿死，就把我放到北海（今俄罗斯贝加尔湖）边牧羊，并说："如果有公羊生了小羊，我就放你回汉朝。"

可公羊哪会生小羊呀？我在那里孤独地牧羊，经常没有食物吃，实在饿极了，就去挖掘野鼠储藏的果实……即便这样，我也不向匈奴投降，每天手握代表大使身份的节杖，最后节杖上的牦牛尾毛都脱落光了，只剩一根光秃秃的棍子。

·鸿雁传书

我从40岁牧羊到59岁，终于有一天，汉朝与匈奴不再打仗了。汉朝派新的使者来到匈奴，打听我的情况。匈奴单于说："苏武已经死了。"汉朝使者却说："我们皇帝打猎的时候，打到一只鸿雁，脚上绑着一封书信，上面说苏武在北海牧羊。"匈奴单于只得向使者道歉，并把我放了。

·回到家乡

我衣衫褴褛地回到家乡，妻子已经认不出我了。更令我伤心的是，我的母亲也去世了，原来19年前的告别就是永别！汉朝皇帝为了奖励我的爱国气节，让我做了大官，给了我很多赏赐。80多岁时，我安然逝去。我死后数年，朝廷把我列为"麒麟阁十一功臣"。

一语点评

苏武历尽艰辛，留居匈奴19年，持汉节牧羊，始终不屈。他忠贞爱国的气节激励了一代又一代的中华儿女。

一生爱种地的将军——马援

为了东汉的安定，我西破陇羌，北击乌桓，南征交趾，官至伏波将军，封新息侯。但我一生的梦想，还是种地和放牧。

·种地，我在行

我12岁时，我的父亲马仲就去世了。我家兄弟四人，大哥马况曾教我读书，我却不愿拘泥于章句之间，于是计划辞别大哥，想到边远地区种地、放牧。谁知没等我动身，大哥去世了……

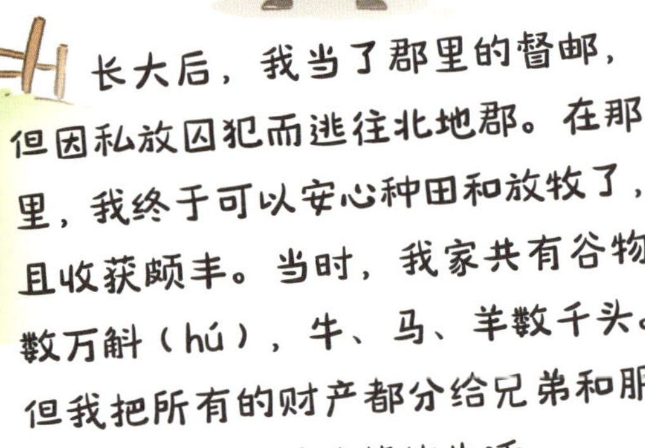

长大后，我当了郡里的督邮，但因私放囚犯而逃往北地郡。在那里，我终于可以安心种田和放牧了，且收获颇丰。当时，我家共有谷物数万斛（hú），牛、马、羊数千头。但我把所有的财产都分给兄弟和朋友，自己则过着清简的生活。

·请求屯田

刘秀称帝后，我携家属来到洛阳，可数月都没有被任命职务。后来，我发现长安周边地区土地肥沃，少人耕种，而我带来的家属又不少，于是便上书皇帝，请求率领家属去那里屯田。皇帝爽快地答应了。

· 堆米成山

有一年，光武帝刘秀亲征隗嚣在陇右地区建立的割据政权。军队行进到漆县（今陕西彬县），不少将领认为情况不明、胜负难卜，皇帝也犹豫不定，于是来征询我的意见。

我命人取了些米，堆成山川等地形，给皇帝分析军事形势。皇帝听后豁然开朗，遂决意进军，不久便大败隗嚣。

· 都是薏仁惹的祸

当初南征交趾时，我常吃一种叫薏仁的植物果实。薏仁能治疗筋骨风湿，避除邪风瘴气。班师回朝时，我就拉了满满一车薏仁，准备用来做种子。

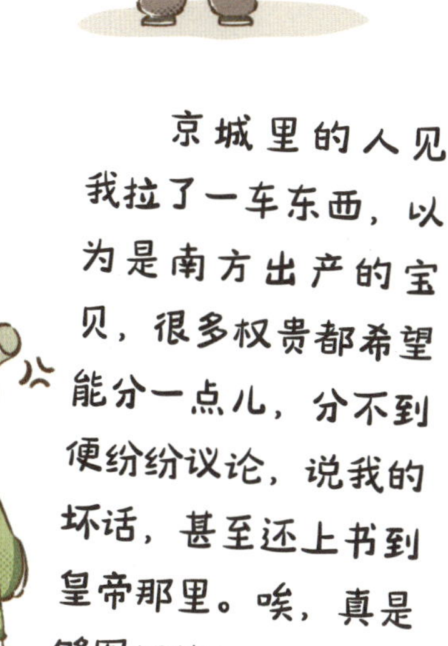

京城里的人见我拉了一车东西，以为是南方出产的宝贝，很多权贵都希望能分一点儿，分不到便纷纷议论，说我的坏话，甚至还上书到皇帝那里。唉，真是够冤枉的！

一语点评

马援戎马多年，在东汉建立前后屡立战功，其老当益壮、马革裹尸的气概，受到后人的崇敬。

文理兼备的达人——张衡

我叫张衡，是东汉时期著名的天文学家、数学家、发明家、地理学家，我被后世誉为“科圣”。

· 喜欢观察大自然

我从小特别喜欢观察大自然。有一次，我跟着母亲去挖野菜，太阳从东方升起，我发现我的影子比我的身子长，到了中午，影子却缩成一团。我明白了随着时间的变化，我们和太阳的位置也会发生变化。

以后，当我看见自己的影子缩成一团时，就催促母亲赶快回家做午饭。

· 读万卷书，行万里路

十几岁的时候，我离开家乡到外地游学。我先到了当时的三辅地区，也就是现在的陕西关中一带。我领略了那里的壮丽山河和宏伟的秦汉古都遗址。之后我又到了东汉都城洛阳。

在那里，我进了当时的最高学府太学，认识了著名的学者崔瑗，与他成为挚友。这些年的游历和学习经历是非常宝贵的。

· 发明地动仪

比起做官，我更喜欢科学。我曾发明了一台地动仪，用来测定发生地震的方向。地动仪用精铜铸成，像一只大酒樽。

它有八个方位，每个方位上有一条口含铜珠的龙，每条龙下方有一只蟾蜍与其对应。哪方有地震发生，那个方向龙口的铜珠就会落入蟾蜍口中。这台仪器曾经准确地测出了陇西地震。

· 撰写《灵宪》

我撰写过一部天文学著作《灵宪》，书里的很多观点都领先于世界其他同类研究。比如宇宙是无限的，天体的运行是有规律的；月光是日光的反射，而不是月亮自己发光；我计算的一周天是三百六十五度又四分度之一，这个数值与现在科学家测算出的地球绕日一周的用时相差无几。

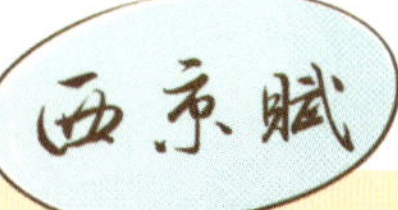

一语点评

除了科学方面的杰出成就，张衡还是个了不起的文学家，他的《二京赋》在汉代文学中有重要地位。这样文理兼备的达人，在世界史中亦属罕见。

经学大师——郑玄

我叫郑玄，是东汉末年的儒家学者、经学大师。我一生访名家、注群经，即使身陷囹圄也不毁吾志，终让老祖宗的智慧通过我而发扬光大。

· 从不夸夸其谈

十二三岁时，我就能给人讲《诗》《书》《礼》《易》《春秋》这五部儒家经典，乡里人都夸我聪明。

不过，我从不因为懂得多而夸夸其谈。有一次我在外祖家做客，亲朋相聚高谈阔论，我在一旁默不作声。母亲几次三番催我露两手，但我始终不为所动。我才不在乎那些虚荣的谈论！

· 就是爱学习

因为家贫，18 岁那年，我不得不做了一个收赋税小吏。幸运的是，太山太守杜密到县里巡视时发现了我的才干，举荐我入太学学习。这就像打开了新世界的大门，我对学问更加不能满足了。此后几年，我游走于幽、并、兖、豫等州，遍访名师，扩充见识学问，终成山东一带首屈一指的大学问家。

· 拜马融为师

30来岁时，我听说关中马融乃当世最著名的经学大师，于是头也不回地西行求学。

起初，我只能跟着马融的门徒学习，直到三年后一次偶然的机会才令他青眼有加，得以受他言传身教。我在马融门下苦读了七年，学问造诣精进了许多。

· 遍注群经

从马融那里学成回乡后，我已经40多岁了，我开始一边耕田一边授徒。然而身处乱世，我被“党祸”牵连，惨遭禁锢14年。这14年中，我整理先贤百家流传下来的经典，用浅显的语言为它们做注释，用典籍之光烛照世人，匡扶天下。我的努力没有白费，这些注释最终超越了很多前辈的版本，成了后世学习经典的必读之物。

一语点评

遭逢乱世，郑玄却在困境中坚守理想、身体力行，一生对学术孜孜以求，真正做到了“为往圣继绝学”。许多儒家经典因为他的注释推广，被重新发现其历史和时代意义。

乱世英雄——曹操

我叫曹操，小名阿瞒，出身官宦世家，但由于祖父是宦官，所以我家门第并不高，称不上“望族”。我从小就博览群书，武艺过人，长大后成为三国中曹魏政权的奠基人。

· 步入仕途

我 20 岁步入仕途，举孝廉入了郎署，不久后被任命为洛阳北部尉，专门负责京城的治安工作。当时京城洛阳是皇亲贵族的聚居之地，治理比较困难。我就任后，申明禁令、严肃法纪，制了十多根五色大棒，悬于衙门左右，谁不听话就打谁。在我的治理下，京城治安大为改观。

· 官渡之战

建安五年（200），我的军队与袁绍的军队相持于官渡（今河南中牟东北），并在此展开决战。当时双方的兵力差距大，袁绍雄踞北方四州，坐拥 11 万大军，而我却仅有 2 万人马。

但我派兵奇袭袁绍军队在乌巢的粮仓，继而击溃袁军主力。官渡之战是中国历史上著名的以弱胜强的战役之一，也奠定了我统一中国北方的基础。

· “三曹”

我与儿子曹丕、曹植，因在政治上的地位和在文学领域的成就，对当时的文坛产生了深远的影响。作为建安文学的代表人物，我们被后人尊称为“三曹”。

但我的这两个儿子很不和，经常斗得死去活来，真是“相煎何太急”啊！

· 我有个博物馆

2023 年 4 月 27 日，位于河南省安阳市殷都区安丰乡西高穴村的曹操高陵遗址博物馆开馆。对，就是在我的墓葬基础上建成的博物馆。

这个博物馆突出了三国时期黑红为贵的主色调，外观借鉴汉代建筑深出檐的特点，创造出雄浑大气的建筑形象。感兴趣的小朋友，可以来我的博物馆参观哟！

一语点评

曹操虽然没有统一天下，却统一了中国北方地区，他采取的一系列措施让百姓们的生活得到了改善，所以称他为东汉末年的乱世英雄，丝毫不为过。

三国最强谋士——诸葛亮

我叫诸葛亮，是三国时期的蜀汉丞相，我辅佐刘备取得三分天下的大业，被称为“三国最强谋士”。

· 躬耕于陇亩

我3岁丧母，8岁丧父，妥妥是个苦孩子。父母亡故后，我跟随叔父诸葛玄生活。叔父去世后，我就在隆中（今属湖北襄阳）隐居，躬耕陇亩。

我平日喜欢吟诵《梁甫吟》，又常常以春秋时齐国名相管仲、战国时燕国名将乐毅自比。时人对我不屑一顾，只有好友徐庶等人相信我的才干。

· 三顾茅庐

适逢天下大乱，曹操坐据中原，孙权拥兵东吴，刘备却连吃败仗，四处奔逃。为了复兴汉室，夺取天下，刘备到处招纳人才。与此同时，我的好友徐庶向刘备举荐了我。于是，刘备就和关羽、张飞带着礼物三次到隆中茅舍请我出山。见刘备是诚心实意地邀请，我决定出山辅佐他。

· 功盖三分国

我向刘备提出了一项宏大的战略计划，即《隆中对》。我主张占据荆州、益州两地，并联合孙权共同对抗强大的曹操。刘备采纳了我的策略，成功占领了荆州、益州，与孙权、曹操形成了三国鼎立的局面。我虽不像《三国演义》中那样用兵如神，但确实帮助刘备在许多关键战役中取得胜利。章武元年（221），刘备在成都称帝，建立蜀汉政权，任命我为丞相。

· 白帝城托孤

夷陵之战后，刘备病重，召我去白帝城托付后事。刘备对我说："如果幼主刘禅可以辅佐，你便辅佐他；如果他没有才干，你就自行取代。"我哭着说："我一定会好好辅佐刘禅。"刘禅即位后，将蜀汉的大小事务都交由我决定。我曾率军南征，稳定南中地区，获得了大量资源；我也曾数次北伐中原，最终无功而返……

一语点评

诸葛亮是三国时期了不起的政治家和军事家，他为蜀汉政权作出了巨大的贡献，可谓"鞠躬尽瘁，死而后已"。

刮骨疗毒的“武圣”——关羽

我叫关羽，字云长，是三国时期的名将。我擅使青龙偃月刀，很讲义气，人们都尊称我为“关二爷”。有点儿意外的是，后世很多人还把我奉为“财神”。

· 桃园三结义

那是一个桃花盛开的季节，我与刘备、张飞来到桃园之中，对天盟誓，结为异姓兄弟。大哥刘备，宽厚待人，心怀天下；三弟张飞，勇猛无敌，豪情万丈；而我关羽，誓死效忠，义薄云天。其实，这是《三国演义》中的说法。事实上，我们三个只是关系较好，“恩若兄弟”，并没有在桃园结义。按年龄算的话，我比刘备还大一点儿。

· 温酒斩华雄

江湖上一直流传着我“温酒斩华雄”的故事。那时，我和刘备、张飞还在曹操帐下，正赶上讨伐董卓。华雄是董卓手下的猛将，我主动请缨出战。曹操为我斟满一杯酒，说喝完了再去迎战，我说斩了华雄回来喝。我提刀跃马，与华雄展开激战，几个回合便一刀将他斩于马下。回到营中，我那杯酒还温热如初。

· 刮骨疗毒

还有一次，我被毒箭射中了左臂。箭上之毒深入骨头，唯有刮骨可去除。在没有麻药的情况下，华佗为我刮骨疗毒。在刮骨的过程中，我忍住了剧烈的疼痛，还和华佗谈笑风生，展现出超常的勇气和毅力。华佗惊叹不已，称我为“神人”。

· 单刀赴会

建安二十年（215），东吴的孙权派谋士鲁肃向刘备索要荆州。当时我在荆州驻守，鲁肃设宴邀请我去赴会。

我知道其中有诈，但还是“单刀赴会”。在宴会上，我据理力争，以智慧和勇气化解了鲁肃的阴谋，最终平安返回。

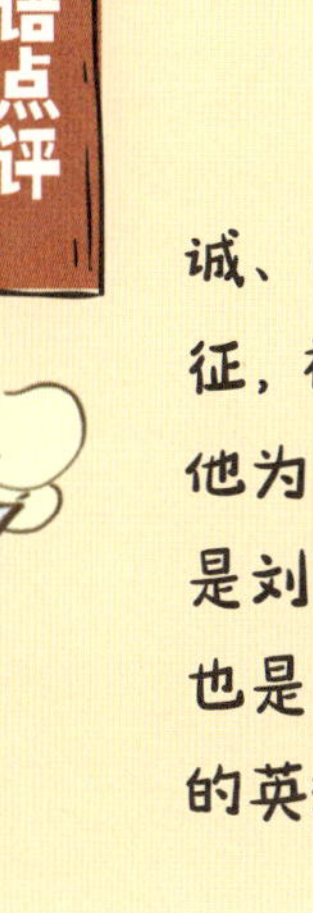

一语点评

关羽是勇敢、忠诚、仁爱与义气的象征，被誉为“武圣”。他为蜀汉事业奋斗，是刘备的得力助手，也是历史上备受尊敬的英雄。

竹林中的傲骨玄音——嵇康

我叫嵇康，字叔夜，是魏晋时期魏国谯郡铚县（今安徽宿州）人。我相貌出众，文学、书画、音乐样样精通，是当时的全民偶像。

· 全民偶像

我集美貌与才华为一身，是魏晋时期的全民偶像。入仕后，我曾担任中散大夫一职。可我不喜欢做官，干脆躲起来，开启了放飞自我的隐居生活。

虽然我年纪轻轻，但我很喜欢道家著作，崇尚老庄思想。我在山林里修身养性，弹琴吟诗，潇洒快活。

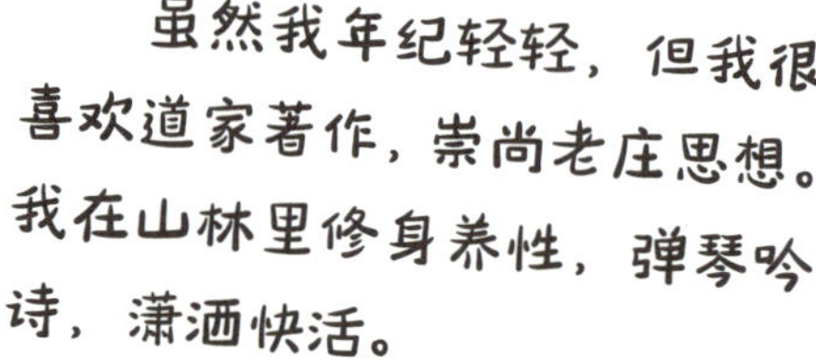

· 打铁小能手

我有个特殊的爱好——打铁。我整天在树林里拿着铁锤哐哐敲，我的好友向秀帮我拉风箱。我俩不光在打铁方面配合默契，在文艺创作上也相当有共鸣。之后，我们又认识了阮籍、山涛、阮咸、王戎、刘伶，于是，“竹林七贤”正式成立。

· 得罪钟会

钟会是大书法家钟繇的小儿子，有些才华，在官场上混得风生水起。有一天，我正在专心打铁，钟会带着很多名士突然来访。钟会大概觉得以他当时的地位，我会热情招待，给足他面子，然而我生平最烦这些官场之事，所以我专心打铁，根本没搭理他们。

钟会觉得很丢面子，生气地离去了。自此，钟会便记恨于我。

· 广陵绝响

正始十年（249），司马懿发动“高平陵之变”，司马氏成了真正掌握实权的家族。我拒绝出仕，不趋炎附势，最终被钟会构陷，使得司马昭一怒之下要把我处死。虽然有很多人为我求情，但朝廷依然没有赦免我。

在行刑前，我淡定自若，让兄长嵇喜帮我拿来素日喜欢的古琴，当场抚了一曲《广陵散》，之后从容赴死，结束了我这短暂的一生。

一语点评

嵇康才华横溢，为人正直，不攀附权贵，一生潇洒不羁，与世无争，最终却因得罪小人而丢掉性命，实在令人惋惜。

写经换鹅的“书圣”——王羲之

我叫王羲之，是东晋时期的书法名家，被后世誉为“书圣”，天下第一行书——《兰亭集序》便出自我之手。

· 赢在起跑线上

我出身琅琊王氏，7岁开始学习书法，受到父亲王旷、叔父王廙（yì）的亲自指导，后来又跟随姨母卫夫人学书。我很善于思考，领悟力超强，不但精通各家书体，还能融会贯通、博采众长，开创了具有独特风格的王派书法。

· 写经换鹅

我很喜欢鹅，我认为养鹅不仅能陶冶情操，还能从观察鹅的动作形态中悟到一些书法理论。有一次，我出外游玩，看到一群很漂亮的白鹅，便想买下。一问才知道，这些鹅是附近一个道士养的，我便找到那个道士想与他商量买下那群鹅。

那个道士说只要我为他抄写一部《道德经》，便将那些鹅送给我，我欣然答应。

OK

·《兰亭集序》里的小秘密

永和九年（353）三月初三，我和谢安、孙绰等42人在兰亭聚会，饮酒赋诗。最终，26人留下“兰亭”诗，并汇成诗集。我即兴挥毫为此诗集作序，记述了当时文人雅集的盛况。

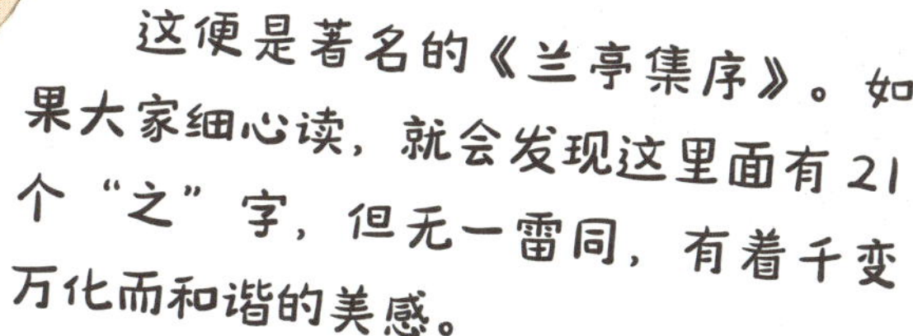

这便是著名的《兰亭集序》。如果大家细心读，就会发现这里面有21个“之”字，但无一雷同，有着千变万化而和谐的美感。

·我那争气的儿子

王献之是我第七个儿子，幼年随我学习书法，后又学习张芝，在此基础上对前人书法进行了大胆变革。从东晋末年到唐朝初年，王献之的影响力甚至超过了我，很多人认为他的字比我好。在书法史上，我们父子俩被称为“二王”。

一语点评

王羲之一生最突出的成就即书法艺术，无论是在生前还是死后，都受到人们的尊崇。他不仅善于转益多师，更能推陈出新，为后代书法开辟了新的天地。

爱好游山玩水的宰相——谢安

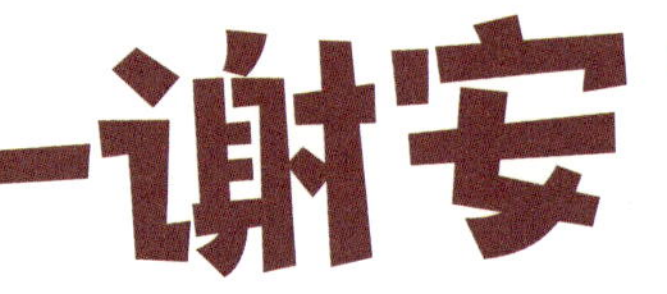

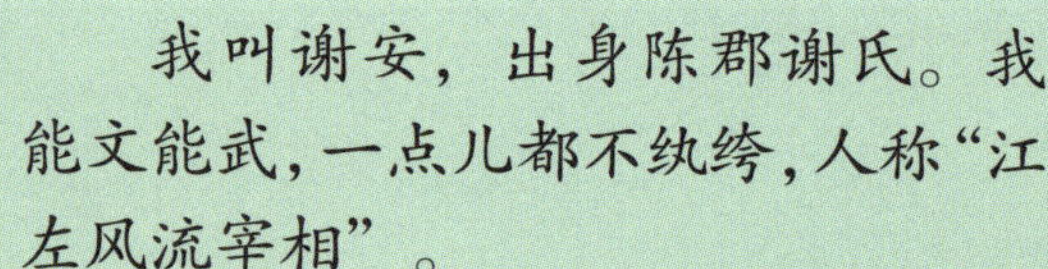

我叫谢安，出身陈郡谢氏。我能文能武，一点儿都不纨绔，人称“江左风流宰相”。

· 不爱当官爱隐居

我年少时就才华横溢，得到了很多名士的称赞，在社会上也小有名气，于是朝廷征召我去当官。但我对当官没什么兴趣，干了几天就辞官了。为避免被各位大人物拉回去上班，我干脆跑到会稽郡山阴县（今浙江山阴）的东山隐居。在那里，我和王羲之等好友一起游山玩水，吟诗作文，享受生活。

· 东山再起

我 40 岁左右时，哥哥谢奕去世了，弟弟谢万因带兵北伐惨败而被贬。为了挽救家族名誉，我接受了征西大将军桓温的邀请，重回官场。曾经的我悠闲自在，高卧东山，现在不得已出山，回归职场。“东山再起”这个成语，就是这么来的。

· 淝水之战

公元 383 年，前秦天王苻坚率领百万大军南下，声称要灭了东晋。我不能让他嚣张，于是便派侄子谢玄等人率领八万大军抵抗。我运筹帷幄，以少胜多，赢得了这场战役。

当前线捷报送回时，我正在和客人下棋。客人问我："前方战事如何？"我只是淡淡地回答："没什么，孩子们已经打败敌人了。"当然，客人走了之后我还是高兴得要飞起来。

· 功高遭忌，急流勇退

淝水之战后，谢氏一族的地位达到了顶峰。这也遭到了小人的嫉妒，使得孝武帝不再那么信任我了。

于是我急流勇退，交出权力，打算带家人回东山继续快乐的隐居生活。但不久我突患重病，于 66 岁离世。

一语点评

谢安游山玩水潇洒前半生，人到中年不得不为家族荣誉而出仕。对东晋而言，他倾尽全力，有再造之功，而淝水之战后又能急流勇退，着实令人赞叹。

东晋奇女子——谢道韫

我叫谢道韫，出身陈郡谢氏，父亲是东晋安西将军谢奕，叔父是著名宰相谢安。我文能吟诗作赋，武能上阵杀敌，被誉为“东晋奇女子”。

· 咏絮之才

我小的时候，在一个大雪天，我和兄弟姐妹们在一起，叔父谢安问我们：“白雪纷纷何所似？”我的哥哥谢朗立即答道：“撒盐空中差可拟。”他用“撒盐空中”来形容雪花。

我想了想道：“未若柳絮因风起。”这更形象地描绘了雪花纷飞的场景。成语“咏絮之才”就是这么来的。

· 未嫁良人

我出身名门，自幼饱读诗书，聪慧过人，深受叔父谢安的赏识。叔父很为我的婚事操心，当时谢氏和王氏是两大望族，为求“门当户对”，叔父将我许配给了王羲之的次子——王凝之。然而，我的夫君除书法外别无他长，又迷信五斗米道，我实在看不上他，婚后过得很不幸福。

· 上阵杀敌

东晋末年，孙恩、卢循起义爆发了。当时身为会稽内史的夫君面对敌人，非但不积极备战，反倒每天跪在地上祈祷道祖保佑，帮其破贼。无奈之下，我只好亲自训练家丁和女眷，誓死抵抗。

由于城内防守松懈，敌人攻入城门，我夫君及儿女都惨遭杀害。此时的我依然临危不乱，手持兵器奋起杀敌，但终因寡不敌众而被俘。孙恩见我一介女流却如此英勇，顿生敬仰，于是赦免了我和其他族人。

· 寡居会稽

晚年的我，住在会稽郡的家中，足不出户，只是打理本府事务，闲暇时写诗著文，过着平静的生活。只可惜啊，我的作品传世的不多，这也是我人生的一大遗憾。

一语点评

谢道韫的一生，开局即巅峰——出身豪门，才华横溢。中年后，面对不同的人生境遇，她依然能保持平常心，从容不迫，勇敢做自己，靠自己的智慧和才华赢得了世人的尊重。

田园诗之祖——陶渊明

我叫陶渊明，是东晋时期的田园诗人和散文家，你们读过的《桃花源记》就是出自我的笔下。我的一生，徘徊在出仕与隐居之间，但我一直坚持做自己。

· 江州祭酒

我出生于官宦人家，自小家境不错，也受到了良好的教育。不幸的是，我的父亲在我8岁的时候去世了，从那时起，家道中落。不得已，我20岁开始外出谋生，直到29岁才当上个江州祭酒。

· 仕途不顺

入仕后，我遇到的官员却不怎么靠谱，不是信五斗米教、想请“鬼兵”打仗的王凝之，就是争权夺利、试图篡位的桓玄和刘裕。我忠君爱国，不趋炎附势，但奈何报国信念在我入仕后一次接一次地崩塌。所以啊，我时而出仕，时而隐居，就这么过了很多年。

· 不为五斗米折腰

我有5个孩子，为了养家糊口，我于义熙元年（405）八月最后一次出仕，来到离家乡不远的彭泽当县令。那年冬天，郡里派了一名督邮来我县巡视，那位督邮粗俗又傲慢，我实在看不上这样的人。县吏却让我穿正装去迎接督邮，以示敬意。这下我可忍不了啦，遂以“不为五斗米折腰”而辞官。这次，我只当了80多天的县令。

· 无弦之琴

田园生活虽然辛苦，但我身心自由。平日里除了耕地种田，就是和朋友写诗作文、喝酒弹琴，我乐在其中。我崇尚老庄的自然美学，我的诗文也融合了道家和儒家思想，体现了对自然、人文和精神的追求。我还有一张不加装饰的琴，这琴没有琴弦，每逢饮酒聚会的时候，我便抚弄一番，来表达其中意趣。

一语点评

世上的诱惑很多，但陶渊明一生保持淡泊自然、率真的本性。他备受后人推崇，不仅因为他的才华和气节，也因为他追求向往的生活和坚持做自己的勇气。

南北朝“最强大脑”——祖冲之

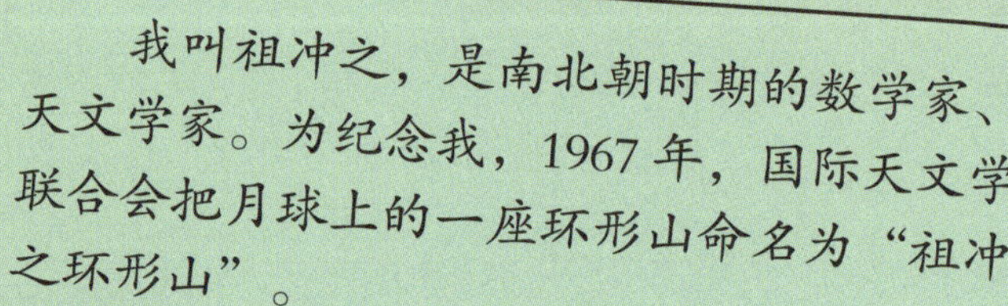

我叫祖冲之，是南北朝时期的数学家、天文学家。为纪念我，1967年，国际天文学联合会把月球上的一座环形山命名为“祖冲之环形山”。

· 从小爱学习

我的祖父是朝廷负责建造的官员，我从小受家庭影响喜欢科学知识，很小就开始接触不同领域的经典书籍，涉及文学、音乐、哲学、自然科学、机械制造等。我尤其喜爱数学和天文学，看着夜空中的星辰变换、昼夜交替，我是多么希望我也能在这些领域取得成绩呀！

· 计算圆周率

圆周率的应用很广泛，尤其是在天文、历法方面。古人很早就算出圆周率是一个比3大一点儿的数值，我决定把这个数值算得更精确一点儿。这是一件很辛苦的事，稍有误差就要从头再来，仅验算就要进行几十次。我坚持了下来，并且算出圆周率在3.1415926和3.1415927之间，相当于精确到了小数点后第七位。这个发现领先了西方一千多年。

· 编制《大明历》

除了圆周率，我还跟历法较上了劲。历法就是大家生活中用的日历，对农业生产特别重要。我们之前使用的是天文学家何承天编制的《元嘉历》，但我发现了其中的误差，于是决定重新编制一部更精准、更为完善的历法。在付出了巨大的时间与精力后，我终于编出了著名的《大明历》。

· 机械小能手

在机械制造方面，我也是一把好手，有过很多发明创造。我改良水碓磨，制作了日行百里的“千里船”，极大地减轻了当时人的劳动强度。此外，我还重新设计和改造了指南车，发明了新型计时器——漏壶和精巧的欹器。这些发明提高了劳动效率，方便了人们的生活。

一语点评

祖冲之是中国历史上最杰出的科学家之一，他在数学、天文历法和机械制造三个领域都有重大贡献，对后世的科学发展产生了深远的影响。

北魏"女皇"——冯太后

我姓冯，是北魏文成帝拓跋濬的皇后，献文帝拓跋弘即位后，我被尊为皇太后，孝文帝拓跋宏在位时，我被尊为太皇太后，所以后世都称我为"冯太后"。我经历过无数风雨，先后辅佐三代帝王，堪称北魏"女皇"。

· 不幸的童年

我出生后不久，我的父亲冯朗就因受一桩大案株连，被北魏太武帝拓跋焘下令诛杀。按照惯例，年幼的我被抓进皇宫，成为一名婢女。幸好我的姑妈冯昭仪是太武帝的妃子，对我多有照应。在姑妈的抚养教育下，我不仅粗通文字，而且颇有见识。

· 从婢女到皇后

我天生丽质，又聪明好学，很快在宫中出人头地。12岁那年，我被文成帝拓跋濬册封为贵人，两年后，我被册立为皇后。那个时候，北魏朝廷动荡不安，我用自己的才智帮助皇帝处理政务，并与权臣斗智斗勇，逐渐得到了皇帝的赏识和信任。

· 临朝听政

可惜文成帝英年早逝，年仅12岁的皇太子拓跋弘即位，就是献文帝，23岁的我也被尊为皇太后。由于献文帝年幼，很多大臣都不听话，北魏政治中枢面临危机。我秘密布置，定下大计，将不听话的大臣一一诛杀，然后宣布临朝听政，从而掌控北魏政治大权。

· 推行改革

在长达25年的临朝听政期间，我凭借自己的智慧和胆识，成功化解了很多危机，为北魏政权的稳定创造了良好的内部和外部环境。我还推行了一系列改革措施，如重用汉族知识分子、大兴教育、建立均田制、加强中央集权等。值得一提的是，孝文帝时期的“太和改制”，我也起到了很大的作用。

一语点评

冯太后聪明果决，擅长权术，以重管、重罚驾驭群臣为其所用。她甚至被认为是北魏“太和改制”的实际主持者，为北魏的强盛和汉文化的传承作出了不少贡献。

民族大融合的开创者——拓跋宏

我叫拓跋宏，鲜卑人，是北魏王朝第七位皇帝，史称“孝文帝”。我顺应历史发展的趋势，为北魏社会经济的恢复和各民族的融合做出了贡献。

· 继承祖母遗志

我5岁登基，在位初期，由祖母冯太后临朝执政。冯太后足智多谋，具有丰富的政治经验，在社会、政治、经济等方面进行了一系列重大的改革，有意识地进行汉化。冯太后病逝后，我继承她的遗志，重用汉族士人，在各方面进一步实施改革。

· 迁都洛阳

北魏的都城长期位于平城（今山西大同），那里位置偏北，不利于对整个中原地区的统治。于是，我决定迁都洛阳。为保证迁都顺利进行，我做了周密的部署和安排。我先是召集文武百官，宣称要大举伐齐。大军抵达洛阳时正值深秋，阴雨连绵，只好就地休息待命。就这样，迁都成为既成事实。

· 易服改姓

迁都洛阳后，我下诏禁止士民穿胡服，规定鲜卑人和北方其他少数民族人民一律改穿汉人服装，朝廷百官改着汉族官吏朝服。与此同时，我还下令改鲜卑复姓为单音汉姓，比如皇族的“拓跋”姓就改为“元”姓，我也改叫“元宏”。在短短20多年的时间里，鲜卑贵族阶层就基本完成了汉化，实现了融入中华民族的目标。

· 开凿龙门石窟

北魏定都平城时，在平城西郊开凿了云冈石窟，我迁都洛阳前后，开始在洛阳城西南开凿龙门石窟。时至今日，龙门石窟已经成为世界上造像最多、规模最大的石刻艺术宝库，被联合国教科文组织评为“中国石刻艺术的最高峰”，位居中国各大石窟之首。它向全世界的人们展示中国文化之大美。

一语点评

拓跋宏是中国古代杰出的少数民族政治家，他的一系列改革，推动了北魏多方面的发展和进步，史称“孝文中兴”。

一心想当和尚的皇帝——梁武帝

我叫萧衍，是南梁的开国皇帝，历史上称我为“梁武帝”。我统治国家近半个世纪，是南朝诸帝中在位时间最长的皇帝。

· 励精图治当皇帝

经过多年的征战和努力，我建立南梁，登上了皇位。我在称帝前，有一定的从政经验，也目睹过政治的腐败，所以在执政前期能够励精图治。

我深知和平的珍贵，一上台就推行了许多改革，如鼓励耕种、修建水利、提高粮食产量，努力让百姓过上更好的生活。我还倡导建立学校和图书馆，让更多的孩子有机会接受教育。

· 钟离之战

南梁建立后，最大的威胁就是北魏。自天监五年（506）十月起，号称百万的北魏大军围攻钟离城（今安徽凤阳东北），为此我派出二十万梁军去救援。天监六年（507）三月，梁军借淮水暴涨之际，派舰队发起攻击，大破魏军。此役中，魏军阵亡及淹死者各十余万，另有五万人被俘。这是我人生中最大的一场战役！

· 为人节俭

我的节俭是出了名的，史书上说我“一冠三年，一被二年”。我也不讲究吃喝，食物基本都是蔬菜和豆类，而且每天只吃一顿饭，太忙的时候，就喝点儿粥充饥。在这方面，我可是中国古代帝王中少有的。

· 四次出家为僧

我曾四次出家为僧，当然每次出家的时间都不长，最短的一次只有4天，最长的一次也不过37天。但国不可一日无主啊，大臣们很快就会去寺庙里把我接回去。按当时的规矩，和尚还俗，要出一笔钱向寺院“赎身”，地位越高，身价也越高。因此，为了让我还俗，朝廷每次都要花上一大笔赎金。

一语点评

梁武帝执政前期，算得上励精图治，那时国家承平，政治安定。可惜他晚年笃信佛法，政事废弛，国家也由盛而衰，最终酿成了“侯景之乱”。

怕老婆的皇帝——杨坚

我叫杨坚，是隋朝开国皇帝，我结束了大分裂的南北朝，重新统一了中国。我的贡献还有很多，但后世只记得我怕老婆……

· 在寺庙里长大

我出生在同州城（今陕西大荔）的般若寺里，据说我出生时院子里被一团紫气笼罩。在我的父母还沉浸于喜悦之时，一位叫智仙的比丘尼（尼姑）对他们说："你们的孩子不是一般人，不能在凡间抚养，我佛慈悲，就把孩子交给我吧。"就这样，我在智仙的抚养下长大，一直到13岁。

· 娶妻独孤伽罗

16岁那年，我娶了小我两岁的独孤伽罗为妻。独孤伽罗是独孤信的女儿。独孤信同样出名，被称为"史上最牛老丈人"，因为他有3个女儿做过皇后。我和独孤伽罗很恩爱，即使我当了皇帝，很多事情也是她说了算，因此后世都说我怕老婆。但确实是在她的主张下，我废黜太子杨勇，改立杨广，从而埋下了亡国祸根……

·建立大隋

我出身显贵，父亲杨忠和老丈人独孤信都有深厚的政治资源。我步入仕途后，更是步步为营，静待时机。公元 581 年，以李穆为首的大臣开始劝我登基，当然我还是要礼节性地推辞一番。随后，9 岁的北周静帝宇文阐下诏宣布禅让，我接过玉玺，正式登基，定国号为“隋”。

·开皇之治

登基之后，我改元“开皇”，开始了国家建设。在官僚体制方面，我推出了三省六部制，这在中国古代官制上具有里程碑意义，影响了此后一千多年的历史。然后，我又颁布新法令《开皇律》，减轻刑罚，废除很多酷刑，缓和了社会矛盾。经过一系列改革，隋朝逐渐强大起来。

一语点评

杨坚结束了长期的战乱与割据，建立隋朝，完成了国家统一。尽管隋朝昙花一现，但它也像秦朝一样，为其后的历史发展起到了至关重要的作用。

天可汗——唐太宗

我叫李世民，是唐朝的第二位皇帝，后世都称我为“唐太宗”。我的治国之道受到后人的广泛赞誉，我被视为中国古代皇帝的典范。

· 解救隋炀帝

我出生在隋朝，从小就展现出非凡的领导力，父亲李渊也着意把我培养成一名出色的将领。大业十一年（615），隋炀帝在雁门关被突厥军队包围，我响应招募前去救援。我命令手下张大军容，让军旗连绵数十里，夜晚还让钲鼓之声响彻天空。突厥人以为隋朝救兵已经云集，于是望尘而逃。我因此一战成名。

· 太原起兵

大业十二年（616），我的父亲李渊出任太原留守，我跟随他来到太原。那时隋朝已经病入膏肓，于是我鼓动父亲起兵反隋，是为“太原起兵”。两年后，隋恭帝杨侑禅位于父亲，父亲改国号为唐，我被晋封为秦王。

· 玄武门之变

唐朝建立之初，疆土只限于关中和河东一带，尚未完全统治全国。为此，我四处出征，逐步消灭各地割据势力。我功名日盛，引起了我的哥哥太子李建成的猜忌，他联合四弟李元吉排挤我。万般无奈之下，我发动“玄武门之变”，杀了太子李建成和四弟李元吉。兄弟反目，这是我一生的痛苦啊……

· 天可汗

当上皇帝以后，我听取群臣意见，虚心纳谏，并实行一系列政治、经济改革，推动了社会的繁荣和稳定，开创了著名的“贞观之治”。此外，我开疆拓土，攻灭东突厥与薛延陀，征服高昌、龟兹和吐谷浑，重创高句丽，又设立安西四镇，与北方地区各民族融洽相处，获得尊号“天可汗”。总之，我为唐朝后来一百多年的盛世局面奠定了重要基础。

一语点评

李世民的皇位是通过政变获得的，这在当时被视为不光彩的行为。尽管如此，他的政治成就和对国家民族的贡献，使得他在历史上的评价总体上是正面的。

敢于批评皇帝的名臣——魏征

NO.4

我叫魏征，是唐朝初年的政治家，也是唐太宗李世民的左膀右臂，名列“凌烟阁二十四功臣”第四位。我这人最大的特点是爱说真话，敢说真话。

· 初仕李建成

我从小家境贫寒，曾做过道士。不过我胸怀大志，一心想成就一番大事业。隋末乱世，群雄并起争夺天下，我在此过程中成了一名优秀的谋士。

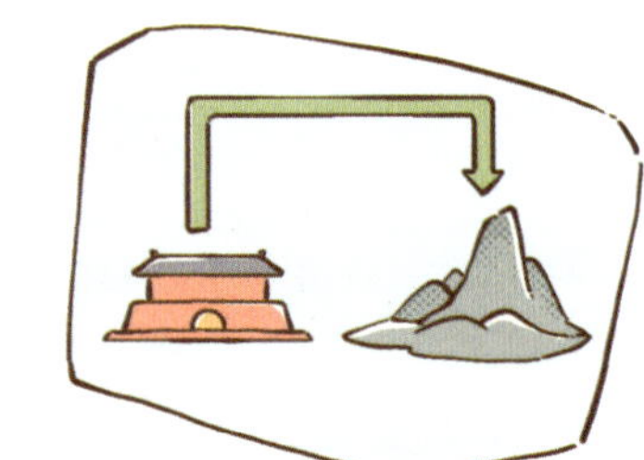

后来唐朝一统天下，太子李建成听闻我的名声，便让我为他效力。那时李建成和李世民明争暗斗，我建议李建成将李世民调出京城，免除后患，可惜李建成不听。

· 转仕李世民

武德九年（626）六月，李世民发动“玄武门之变”，夺了皇位。李世民把我抓来问道：“你为什么要离间我们兄弟？”我据实答道：“要是李建成按照我说的去做，就没有今日的祸事了。”李世民素来看重我的才能，此时见我说话直爽，没有丝毫隐瞒，很大度地将我赦免，并任命我为他的幕僚。

· 犯颜直谏

虽说李世民能虚心听从建议，但他毕竟是皇帝，有自己的脾气。有时我直言规劝，他也会生气。

一次，李世民回到后宫对长孙皇后抱怨说："我总有一天要杀了魏征这个乡野匹夫！"长孙皇后马上换了一身隆重的朝服，向他行礼道："恭喜陛下，只有明君身边才会有敢于谏言的贤臣。"李世民一听，马上消气了。

· 我是一面镜子

我一生向李世民的谏诤多达数十余万言，他常说："用铜镜照人，可以端正自己的衣冠；以历史作为镜子，可以知晓兴衰更替；以人作为镜子，可以看清得失。"李世民是把我看作他的镜子了。我去世后，他经常痛哭，说自己失去了一面宝贵的镜子。

一语点评

魏征是中国历史上最为著名的谏臣，他与李世民一明君、一直臣，相得益彰，共同开创了"贞观之治"。

大唐第一猛将——李靖

我叫李靖，是唐初的大将。我一生征战数十年，从无败绩，被誉为“大唐第一猛将”；而在《西游记》中，我竟成了“托塔李天王”。

· 舅舅韩擒虎

我出生于官宦之家，从小受过良好的教育。我对文学和军事都很感兴趣，尤其喜好阅读兵书。我的舅舅是隋朝名将韩擒虎，他可是隋朝统一中国时第一个攻入南陈都城的大将。他对我青眼有加，他曾经说过，整个隋朝只有我配与他一起讨论兵法。

· 曲折投唐

我的仕途不是很顺利，刚开始只是做一些中低级别的官职。时逢隋朝末年，天下大乱，我察觉李渊有谋反之心，便准备向隋炀帝告密。没想到隋朝垮台得太快，我还没见到隋炀帝，就被李渊抓住了。李渊痛恨我的行为，要杀了我，我大声喊道：“你大事还未成，为何要杀我这样的人才？”李渊觉得有道理，就把我放了。

· 平定萧铣

我的军事才华在李渊和李世民两父子的信任之下得到了充分展示。我辅佐他们打败各种割据势力，统一了中国。

尤其是在平定梁王萧铣的战斗中，遇到大雨，江水暴涨，我方士兵都觉得这不是进攻的好机会，劝我等洪水退却后再说。我却力排众议，坚决行军，打了萧铣军队一个措手不及。

· 一战封神

唐朝建立后，边疆地区仍然受到游牧民族的侵犯。我先是率领三千精锐骑兵夜袭颉利可汗的部队，又长途奔袭阴山，一举灭亡东突厥，一战封神。后来吐谷浑又侵犯唐朝，那时我已经65岁，但我不顾年迈，主动请求挂帅出征。我带领军队一路西进，经过几十场恶战，终于把吐谷浑打服。

一语点评

李靖才兼文武，勇敢善战，为唐王朝的统一与巩固立下了赫赫战功。同时，他的治军作战经验进一步丰富了中国古代的军事思想和兵法理论。

“西天取经”的高僧——玄奘

我原名叫陈祎（yī），“玄奘”是我出家后的法号，后人都称我为“唐僧”。我一生最大的事迹，就是“西天取经”。

· 偷渡出境

我曾上书请求去天竺（今印度），但被朝廷拒绝了。别说西行，我连长安都不能出去。629年秋天，长安遭遇霜灾，庄稼大都被冻死。饥荒之际，朝廷打开城门，让灾民外出自行求生。趁此机会，我毅然跟随灾民离开长安，独自西去。所以啊，我根本不是唐太宗的御弟，也没有唐朝的通关文牒，我就是孤身一人背着包袱，偷偷地离开了长安。

· 收徒石磐陀

漫漫西行路，我需要一个引路人，我找到了胡人石磐陀。石磐陀是一个商人，他请我为他摩顶受戒，成为我的徒弟，他就是《西游记》中孙悟空的原型。但这个石磐陀啊，刚出玉门关就动摇了。

偷越边关是死罪，他不想去了，还担心我被抓后牵连到他，夜深之时便想杀我灭口。我发誓绝不出卖他，他才离去。看看，这个徒弟太不地道了，差点儿杀了师父。

· 与麴文泰结拜

路过高昌国时，高昌王麴（qū）文泰亲自出城迎接我。

麴文泰希望我留下来，我一意西行，又无法说服麴文泰，只能绝食抗议。我绝食四天，气息渐微。这种舍身求法的行为让麴文泰愧惧，于是答应放我西行，我们两人还在佛像面前结拜为兄弟。

· 求学那烂陀

631 年秋天，我终于抵达了佛教圣地那烂陀寺。我拜主持戒贤为师，探求佛法的真谛。五年间，我通览佛教经典，还研究了古印度的逻辑学和语言学。其后的几年，我又游历了天竺数十国，并成为著名的佛学大师。但我没有就此长留天竺，最终还是回了大唐。

玄奘是个舍身求法的人，他的一生是个传奇，而且远比《西游记》中的故事精彩。他是中外文化交流的杰出使者，创造了前无古人的成就。

图书在版编目（CIP）数据

哎哟，我的老祖宗！：上下卷 / 吕埴编著；大有童书绘. -- 北京：电子工业出版社，2025. 6. -- ISBN 978-7-121-50150-0

Ⅰ. K820.2-49

中国国家版本馆CIP数据核字第2025TG6524号

责任编辑：赵 妍
印　　刷：合肥华云印务有限责任公司
装　　订：合肥华云印务有限责任公司
出版发行：电子工业出版社
　　　　　北京市海淀区万寿路173信箱　邮编：100036
开　　本：889×1194　1/16　印张：13.5　字数：309.4千字
版　　次：2025年6月第1版
印　　次：2025年6月第1次印刷
定　　价：138.00元（全2册）

凡所购买电子工业出版社图书有缺损问题，请向购买书店调换。若书店售缺，请与本社发行部联系，联系及邮购电话：（010）88254888，88258888。

质量投诉请发邮件至zlts@phei.com.cn，盗版侵权举报请发邮件至dbqq@phei.com.cn。

本书咨询联系方式：（010）88254161转1852，zhaoy@phei.com.cn。

電子工業出版社
Publishing House of Electronics Industry
北京 · BEIJING

前言

在历史的长河中，中华民族涌现出无数璀璨夺目的先贤，他们如同夜空中的星辰，照亮了华夏儿女的成长。本书精心选取100位中国古代先贤，以他们的生平事迹、思想智慧为经纬，编织出了一幅波澜壮阔的历史画卷。

这100位先贤，有的以文治武功著称，如帝王将相，他们开疆拓土，治国有方，为后世留下了宝贵的治国理政经验；有的以学问德行流芳，如儒释道各家大师，他们著书立说，传道授业，塑造了中华民族的精神品格；还有的

以技艺才华闻名，如工匠艺人、文人墨客，他们用巧手匠心、锦绣文章，丰富了中华文化的宝库。

翻开这本书，你将与孔子对话，聆听他关于仁爱与礼义的教诲；你将跟随屈原的脚步，感受他忧国忧民的赤诚情怀；你将与诸葛亮并肩，见证他运筹帷幄、决胜千里的智慧风采。每一位先贤都是一个独特的故事，每一个故事都蕴含着深刻的道理和无穷的智慧。

希望你能通过这本书，更加直观地了解中国古代先贤的卓越贡献和崇高精神，激发对中华优秀传统文化的热爱和传承之志，在先贤的指引下，汲取力量，启迪智慧。

愿这本书成为一把钥匙，为你打开通往中华古代文明宝库的大门；愿每一位先贤的光芒，都能照亮你前行的道路。

目录

百岁药王——孙思邈

我叫孙思邈，是个修道的医药学家，被后人尊为“药王”。我不爱钱，也不愿意当官，只想做个治病救人的好医生。

· 立志学医

我从小就很聪明，也爱学习，只是身体一直不太好，经常去看医生，花了家里不少钱。18 岁的时候，我就立志学医，因为医者可以医己，也能医人。到了 20 岁，我就对医学典籍很精通了，并开始为邻居们看病，开启了我的临床实践之旅。

· 安安静静做个医生

我的医术得到了社会认可，名声也越来越大。隋文帝、唐太宗、唐高宗都多次邀我去做官，但我对功名利禄毫无兴趣，只想投身于医学中。

我隐居在陕西的太白山中，在山里一边采药一边研究，平时再去收集一些民间的药方，为病人看诊，积累了大量临床经验。我还用毕生精力编成医学著作《千金要方》和《千金翼方》。

·悬丝诊脉

大唐贞观年间，长孙皇后怀孕十个月没能生出娃，太医们束手无策，于是把我请进宫去。皇后身份尊贵，我不能近前诊脉，只能让宫女在皇后手腕上系了三根丝线，就这样“悬丝诊脉”。好在我医术高明，皇后顺利生产，母子平安。对了，《西游记》中的孙悟空给朱紫国国王治病，用的也是这个方法。

·养生很重要

我很注重养生，提出了很多养生诀窍，如：心态要保持平稳，不要生气，不要郁闷；饮食要节制，不要暴饮暴食、胡吃海塞；气血要流通，多运动，不要懒散；生活起居要正常，早睡早起，不要熬夜。所以你们看，我能活到一百多岁，身体一直健康。

孙思邈终生不入仕途，不求荣华富贵，潜心钻研医术。他采制药物，治病救人，为我国医学作出了巨大的贡献；他因高尚的医德，成为后世医学工作者的榜样。

一代女皇——武则天

我叫武曌，是中国古代唯一的女皇帝。我死后，墓碑上不刻碑文，成为历史上罕见的“无字碑”。至于功过是非，任由后人评说吧！

初入宫闱

我14岁入宫，被封为五品才人，那时我就显示出与一般女子不一样的魄力。太宗李世民有一匹烈马，十分任性，没有人能驯服它。我对太宗说：“我能驯服它，但需要三件东西：一是铁鞭，二是铁棍，三是匕首。驯服它时，先用铁鞭抽打它；要是不服，则用铁棍敲击它的脑袋；要是还不服，则用匕首割断它的喉管。”太宗听后，夸赞我颇有魄力。

感业寺为尼

我在宫中做了12年才人，地位始终没有得到提高。太宗去世后，我一度在长安的感业寺出家为尼。幸好高宗李治来寺进香时与我相遇，后经王皇后求请，我得以再次入宫。在宫廷中，我经历了一系列的斗争，最终成为高宗的新一任皇后……

· 成为女皇

高宗有头疼病，一病起来就没法上朝，他就委托我处理朝政。再后来高宗上朝时，我就在他座位后垂下帘子，一同听政。高宗去世后，朝政其实完全掌握在我的手中。67岁那年，我称帝了，改国号为“周”，历史上称为“武周”。可惜，在我晚年重病时，大臣拥立我的儿子李显发动政变，又恢复了唐朝。

· 任用贤能

对于那些有才能的人，即便是反对我，我也尽量收为己用。诗人骆宾王曾经参与讨伐我的叛乱活动，还写下了文采飞扬的檄文。我看到此文后，不但没有问罪，反而赞赏他的才华，并说：“这样的人才，怎么能被埋没呢！”我启用了很多有能力的人，并进一步改革了科举制度，从全国选拔优才。

客观来说，武则天当政的四十多年，上承贞观之治，下启开元盛世，是走向盛唐的重要环节。

大唐神探——狄仁杰

我叫狄仁杰，并州（今山西太原）人，我一生刚直不阿，知人善任，政绩颇丰。尤其是在武则天执政时期，我以不畏权势著称，直言力谏，终成一代名相。

· 沧海遗珠

年轻时，我曾遭人诬告，朝廷派阎立本来审问我，结果他不但没给我定罪，反而被我的出众才华和能言善辩所折服。

他感叹道："我从你所犯的错误中看到，你是大海中一颗被遗忘的珍珠，你这样的人才怎么能被埋没呢？"成语"沧海遗珠"就是这么来的。

· 不信妖言

我曾陪同唐高宗巡幸汾阳宫，途经妒女祠，当时民间认为穿着华丽的衣服经过妒女祠会招致风雷之灾。

并州长史李冲玄打算征发数万民夫，另外开辟一条御道。我劝道："皇帝出行，有千乘万骑扈从，有风伯雨师清道，还怕什么妒女之害？"李冲玄遂停止征发徭役。高宗皇帝得知后，也对我连连称赞。

· 两荐张柬之

武则天执政时期，对我十分信任，曾让我举荐人才，我想到了荆州长史张柬之，张柬之遂被提拔为洛州司马。后来，武则天又让我举荐人才，我说：“此前举荐的张柬之，还没有任用呢！”武则天道：“我已经给他升了官了呀！”我回道：“我所举荐的是可以做宰相的人才，不是用来做司马的。”于是，武则天又拜张柬之为宰相。

· 《大唐狄公案》

我曾担任过大理寺丞一职，一年之内，我判决了大量积压案件，涉及一万七千人，无一起冤案。由于我善于断案，被后人称为“大唐神探”，也享有“东方福尔摩斯”的美誉。荷兰汉学家高罗佩还曾根据我的故事，创作了小说《大唐狄公案》。

一语点评

狄仁杰用独特的推理技巧和敏锐的观察力破解了许多棘手的案件，成为民间口耳相传的佳话。他不仅是维护正义的使者，更是智慧的化身，启迪着一代又一代的人们追求真理与正义。

梨园鼻祖——唐玄宗

我叫李隆基，是唐高宗李治与武则天的孙子。我是唐朝第七位皇帝，也是唐朝在位时间最长的皇帝，后人都称我为“唐玄宗”。

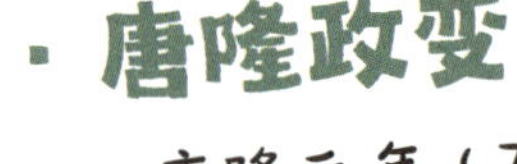

·唐隆政变

唐隆元年（710），我联合姑姑太平公主于帝都长安共同发起一场宫廷政变——唐隆政变。政变中，我带领禁军杀了韦后、安乐公主，彻底剿灭了韦氏集团。

这次政变的后果是，即位不足一个月的李重茂退位，我的父亲李旦复辟为唐睿宗，我被立为皇太子，太平公主的权势更加强大。

·先天政变

景云三年（712），我父亲李旦不顾我姑姑太平公主的反对，毅然把帝位让给了我，并改元“先天”。

这加剧了我和太平公主的矛盾，于是我又发动“先天政变”，将太平公主赐死在家中。之后，我把年号改为“开元”，并拨乱反正，提拔贤能，开启了我执政前期的“开元盛世”。

· 梨园鼻祖

我很有音乐天赋，爱好演奏琵琶、羯（jié）鼓，还擅长作曲，创作了《霓裳羽衣曲》《小破阵乐》《春光好》《秋风高》等百余首乐曲。做了皇帝后，我在皇宫里设置“梨园”，就是专门培养乐工的地方。

这是后来称戏班为“梨园”的由来，我也被后世称为“梨园鼻祖”。

· 安史之乱

开创了盛世后，我逐渐开始满足了，沉溺于享乐之中，没有了先前的励精图治精神，也没有改革时的节俭之风。

我重用宦官，宠信奸臣李林甫、杨国忠，加之政策上的失误，以及错误地重用安禄山等人以图稳定唐王朝边疆，结果导致了长达八年的“安史之乱”，为唐朝由盛转衰埋下伏笔。在马嵬坡，我和爱妃杨玉环还上演了一场生离死别……

一语点评

唐玄宗是一位才华横溢的皇帝，他在位期间，唐朝达到了鼎盛，文化艺术也取得了巨大的成就。然而，晚年的他因沉湎酒色、怠惰朝政，导致“安史之乱”爆发，使唐朝由盛转衰。

不得志的“诗仙”——李白

我叫李白，被后人誉为“诗仙”。我的很多诗，比如《蜀道难》《将进酒》等都被选入语文教材。其实啊，我的一生跌宕起伏，怀才不遇。

· 潇洒的前半生

我的老家在四川江油，从小家境富裕，5 岁就开始读书认字。我还练就了一身好剑法，时常畅想自己能仗剑走天涯。18 岁开始，我就游历于川蜀的名山大川之间。25 岁时，我只身出蜀，游遍了河南、安徽、浙江、湖北等地。我不用工作，边旅游边仗义疏财，一年就花掉了三十万。

· 铁杵磨成针

其实，我并不是神童，一开始学习不好，还经常逃课。有一次，我碰到一个老奶奶要将铁杵磨成针，我说这怎么可能。谁知老奶奶说：“只要付出比别人多的努力，就一定可以。”我自惭形秽，此后再也没有逃课，每天都用功学习。

·仕途终不得志

父亲死后，我从富家子弟变成了穷光蛋，而商人出身使我无法参加科举，所以只能选择荐举这条路。可惜就算有媳妇娘家（豪族许家）的支持，我找当地长官自荐、“偶遇”玉真公主、在首都长安求见王公贵族等，都失败了。

当然，我也曾短暂地得到唐玄宗李隆基的“赏识”，得了个翰林院供奉的闲职，但却因纵酒狂放而离职……

·赐金放还离长安

被唐玄宗“赐金放还”后，我离开了长安。我没有因此气馁，而是继续游历各地，创作诗歌。永王之乱爆发后，我怀着报国的热情，投身到了平叛的斗争中。然而由于缺乏政治经验，我被卷入一场冤案，被流放夜郎。幸运的是，我在流放途中遇到大赦，得以返回故乡。然而此时的我已经身心疲惫，不久便因病去世。

一语点评

生在唐朝是李白的幸运，又是他的不幸。幸运的是唐朝是个多元、开放的王朝，给李白的诗作提供了丰厚的文化养料；不幸的是世家大族垄断了官场，严重阻碍了李白等人的升迁之路。

忧国忧民的“诗圣”——杜甫

2022 年 4 月，英国广播公司（BBC）推出了一部关于诗歌的纪录片，轰动了西方世界。这部片子的主角不是莎士比亚，而是我——“诗圣”杜甫。

· 出身豪门

话说我们京兆杜氏，一直牛人辈出，在唐朝二百多年中，有 11 个宰相出自杜氏。我的祖父和父亲也都是朝廷官员。我的母亲出身清河崔氏，是中国北方第一望族。崔氏可以和皇室成员通婚，因此我的身上也流淌着李唐皇室血液。

· 我有位好姑姑

我是被姑姑养大的。姑姑对我格外关爱，甚至比对自己的儿子还要好。

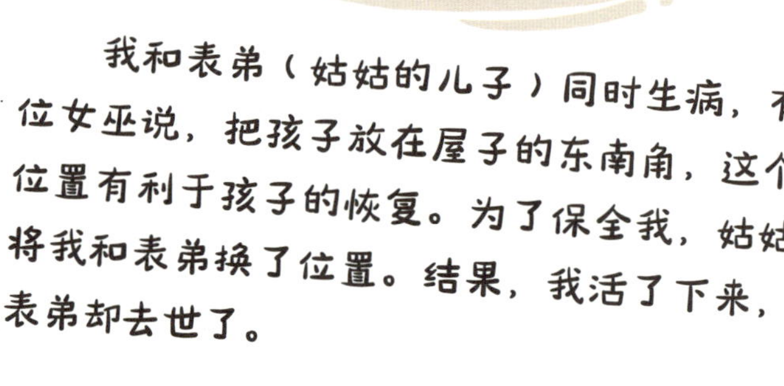

我和表弟（姑姑的儿子）同时生病，有位女巫说，把孩子放在屋子的东南角，这个位置有利于孩子的恢复。为了保全我，姑姑将我和表弟换了位置。结果，我活了下来，表弟却去世了。

· 坎坷仕途

我虽然很有文采，但科举之路一直不顺。天宝十四载（755），我终于等来了一个负责看管兵器库的职位。可我刚刚找到工作，“安史之乱”就爆发了……我带一家老小匆匆逃难，历尽千难万险将家人安顿在鄜（fū）州（今陕西富县）。

此时，心系大唐朝廷的我却告别妻儿，打算投奔新继位的肃宗皇帝。然而上路没多久，却和叛军来了个狭路相逢，我被捉个正着，一年后才得以逃脱。

· 成都岁月

为了避免政治斗争和饥荒，我只好辞官。我带着一家老小一路辗转到了成都，生活才算安定下来。有好友在成都为官，我背靠大树好乘凉，终于迎来一段难得的安闲时光。虽然偶尔也有房顶茅草被大风吹跑的小插曲，但整体来说，我在成都的日子是美好的。

一语点评

杜甫这一生，苦难和遗憾实在是太多，即便是在他最引以为傲的诗作方面，生前也未能使他跻身当时一流诗人的行列……好在，历史是公允的。

大唐画圣——吴道子

我叫吴道子，阳翟（今河南禹州）人，是唐代的绘画大师。我精通绘制山水、人物，还擅长于壁画创作，被世人誉为“画圣”。

· 穷丹青之妙

我出生于唐高宗时期，自幼失去双亲，穷困孤苦，后来只好外出谋生。在外有幸结识书法大家张旭、贺知章，跟他们学习书法。

我又被一位好心的老和尚收留，他带我游历河山，并教我画画。比起书法，我在绘画上更有天分，勤奋努力的我，未到成年之时，就已“穷丹青之妙”。

· 画驴成真

有一次，我去拜访一位僧人，想讨杯茶喝，但此僧对我不太礼貌。我很气愤，随即取来笔墨，在僧房墙壁上画了一头驴，然后离去。到了晚上，我画的驴变成了真驴，恼怒异常，满屋子尥蹶子，把僧房搞得乱七八糟，十分狼藉。那位僧人只好来恳求我，请我把壁上画涂抹掉，这样以后才相安无事。

· 嘉陵山水，一日而毕

由于我在画坛上有些名气，公元713年，唐玄宗召我入宫。皇帝很赏识我，赐名“道玄”，让我做一名宫廷画师。有一天，皇帝忽然想起嘉陵江的山清水秀，便让我去那里写生，但数月后我空手而归。皇帝大怒，我并未慌张，请求在大同殿壁上现场作画。一天时间，我把嘉陵江三百里的壮丽景色画得惟妙惟肖，皇帝看后啧啧称奇。

· 独创“吴家样”

除了山水画，我在宗教题材绘画方面也成就突出，我曾于长安、洛阳两地寺观中绘制壁画多达300余堵，奇踪怪状，无一雷同，其中尤以《地狱变相》闻名于世。听说一些做过恶的人看到我的画，会吓出一身冷汗。而我独创的宗教绘画样式，也被称为“吴家样”。

吴道子是我国山水画祖师，他结束了山水画的附庸地位，使其成为独立画种。他的宗教题材作品，无论是对当时还是后世都有深远的影响。

中兴名将——郭子仪

我叫郭子仪，华州（今陕西渭南）人，生于唐朝的一个武将世家。我身材魁梧，相貌堂堂，从小就跟随父亲学习武艺和兵法。

· 巧计平叛乱

我最初靠武举考试进入军队，从基层干起，摸爬滚打几十年，升到了九原郡太守。快到退休时，我却遇上了“安史之乱”。当时，唐朝内部也出现了多支叛军，我受命去平定其中一支。我派遣大量间谍潜入叛军内部，同时秘密集结精兵强将，发动突袭。这支叛军措手不及，被我一举击败。

· 联手李光弼

李光弼也是唐朝的著名将领，擅长进攻，与我有过多次合作。“安史之乱”中，我们曾共同防卫太原城，那时叛军派出大批精锐部队进攻太原城。我和他商议对策后，决定采用内外夹击的战术。我和他分别率领军队从城外和城内同时发起进攻，最终成功地击败了敌军。

· 智退吐蕃兵

平定“安史之乱”后，吐蕃兵又大举进攻长安。我挺身而出，率领少量亲兵赶往长安。面对敌众我寡的形势，我冷静地观察敌军动态，发现吐蕃兵虽然人数众多，但队形散乱，于是我命令亲兵们用木头和石头搭建了一座小堡垒，然后诱敌深入。吐蕃兵见我军势单力薄，纷纷前来进攻，不料中了我军埋伏，死伤惨重。最终，我们成功地保卫了长安城。

· 单骑退回纥

回纥是我国北方的一个少数民族，与唐王朝保持着密切的往来。有一年，回纥兵侵犯唐朝边境，我亲自前往抗敌。我探知这些回纥兵只是想趁乱分一杯羹而已，于是只身出城相见。在我晓之以理、动之以情的劝说下，回纥部撤兵。我靠智谋和勇气维护了大唐边境的稳定。

一语点评

郭子仪一生多次力挽狂澜，拯救大唐王朝，被称为“中兴名将”。在受到排挤、打压的时候，他能坚持与忍耐；而在获得地位、声望后，他也不骄傲和自满。

铁骨铮铮的书法家——颜真卿

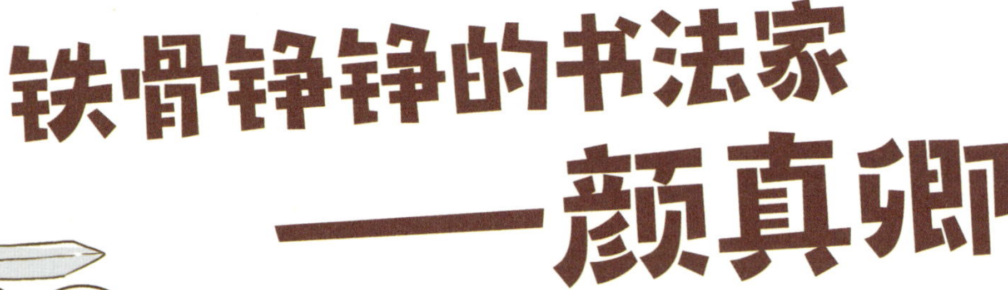

我叫颜真卿，是唐代中期杰出的政治家、书法家。我曾官至吏部尚书、太子太师，封鲁郡公，人称“颜鲁公”。每逢国家危难之际，我都会冲在第一线，直到 76 岁时被叛将李希烈杀害。

· 创立“颜体”楷书

我出身琅琊颜氏，是先贤颜回的后代。我 3 岁丧父，由母亲殷氏悉心教育。我从小就喜欢读书写文章，对书法情有独钟。

我创立了“颜体”楷书，与欧阳询、柳公权、赵孟頫并称“楷书四大家”，和柳公权并称“颜筋柳骨”。

· 得罪杨国忠

我先是做过校书郎、县尉、内史一类的小官，后来升任监察御史，奉命巡查地方期间，平反了许多冤案，还罢免过不孝的县令。41 岁时，我升任殿中侍御史，但由于为人耿直，得罪了奸相杨国忠，最终被调离京师，任平原太守。

· 硬刚安禄山

平原郡属于节度使安禄山的辖区，当时安禄山的谋反迹象已经显露，我暗中修筑城墙，招兵买马，储备粮草，为平叛积极做准备。同时我每天吟诗喝酒，用书生形象麻痹安禄山。天宝十四载（755），安禄山起兵造反，叛军在河北各郡横行无阻。我挺身而出，率义军对抗叛军，坚守了近一年。

· 天下行书第二

在那场关乎唐王朝存亡的战争中，我颜氏一族先后三十多人为国捐躯，包括我的哥哥常山太守颜杲卿和他的小儿子颜季明。公元 758 年，我寻访到侄儿颜季明的头骨，当时我悲愤交加，一气呵成写下了《祭侄文稿》。

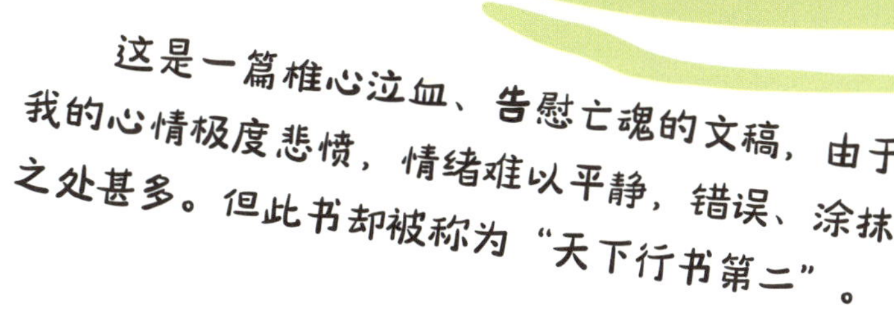

这是一篇椎心泣血、告慰亡魂的文稿，由于我的心情极度悲愤，情绪难以平静，错误、涂抹之处甚多。但此书却被称为“天下行书第二”。

颜真卿既是写得一手好字的书法家，也是铁骨铮铮的忠烈之士。他秉性正直，不阿谀权贵，不曲意媚上，刚正有气节，最终以死明志。

演过丑角的“茶圣”——陆羽

我叫陆羽，我一生嗜茶，精于茶道，以著《茶经》而闻名于世，对世界茶业发展作出了卓越贡献，因此被尊为“茶圣”。

· 从弃婴到童僧

那是一个寒冷的清晨，竟陵城（今湖北天门）龙盖寺的智积禅师正走在小街尽头的一座石桥上，忽闻桥下群雁哀鸣之声。走近一看，只见一群大雁正用翅膀护卫着一个瑟瑟发抖的男婴。是的，我就是那个弃婴。智积禅师觉得和我有缘，便把我抱回寺中收养，并给我起名“陆羽”。

· 演过丑角

我可不想在寺院中一生苦修。12岁那年，我趁智积禅师不备，偷偷离开了龙盖寺。我相貌有些丑陋，在离开龙盖寺后，先是混进了一个戏班子里学演戏，作了一名演员。

我虽其貌不扬，又有些口吃，却幽默机智，演丑角很成功。然而，我也并不喜欢演戏，不久后便又拜师学习儒家经典。

· 好友皎然

我性格急躁，与人相处时往往一言不合就径自离去，因此为俗人所忌。但我一生走来，却不断地遇到良师益友，比如诗僧皎然。皎然俗姓谢，是南朝诗人谢灵运的十世孙。我常与皎然一起烹茶煮茗，切磋佛法，并将茶艺和佛理相结合，把饮茶提高到美学和文化的高度。

· 立志写《茶经》

我喜欢饮茶，立志写一部茶书。我深知闭门不出难以挖掘茶道精要，正所谓实践出真知，于是我便时常出门“访茶”。结合广泛的茶事资料，经过十余年的艰苦写作，世界上最早的茶学专著《茶经》问世，这是当时中国人关于茶的百科全书，我也因此名留千古。

从江边桥下的弃婴到一代“茶圣”，陆羽的人生实现了华丽逆袭。他这一辈子做过童僧，演过丑角，游历过山河，有贵人相助，有知心朋友，有著作流传于世，也算是一种圆满。

江州司马——白居易

我叫白居易，是唐代现实主义诗人，人称“诗魔”，《长恨歌》《琵琶行》《卖炭翁》都是我写的。我年轻时就名动长安，得到皇帝赏识，但数次被贬，也渐渐学会了独善其身。

· 白居也易

“离离原上草，一岁一枯荣，野火烧不尽，春风吹又生。”17岁时，我去拜会名士顾况，他看到我的名字后调侃道：“米价方贵，居亦弗易。”然而，待他读完我的这首《赋得古原草送别》，不禁拍案叫绝：“能写出这样的诗句，白居也易（道得个语，居即易亦）。”

· 写作《琵琶行》

元和十年（815），44岁的我因上书言事被贬为江州（今江西九江）司马。那是个秋风萧瑟的晚上，浔阳江上传来了美妙的琵琶声，我和朋友都被这久违的音乐打动了。

原来，弹奏琵琶的女艺人也和我一样，是流落至此的。谈论起长安城的往事，我不禁泪洒青衫……就此，我写出了脍炙人口的《琵琶行》。

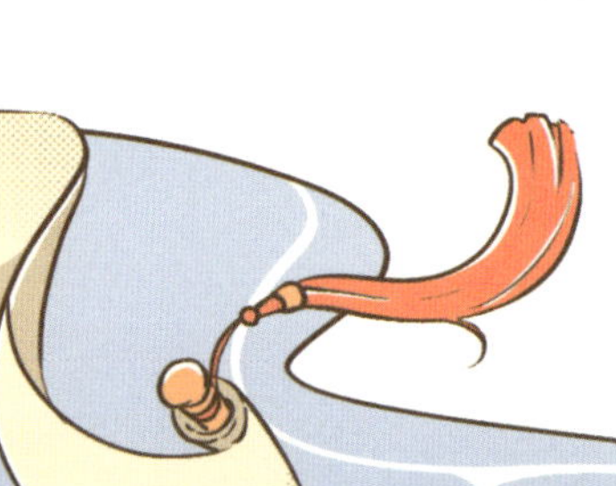

· 在杭州当刺史

长庆二年（822），我被任命为杭州刺史。那时杭州一带的农田经常受到旱灾威胁，官员们却不肯利用西湖水灌田。于是，我发动民工修筑堤坝蓄水，解决了当地数十万亩农田的灌溉问题。我所倡议修筑的这条堤坝，被称为“白公堤”。

· 募资疏浚河滩

上了年纪以后，我一直在洛阳城外的龙门山隐居。龙门八节滩一带水势叵测，船工常常遭遇凶险。

为此，73 岁高龄的我和朋友们一起走街串巷，为疏浚河滩募资，我甚至还卖掉了为好友元稹写墓志铭时元家人赠送我的银鞍玉带。看到险滩变通途，我的内心十分喜悦。

一语点评

白居易的一生历经了从唐代宗到唐武宗八位皇帝，高寿又高产。虽然他的诗里少了盛唐气象，但是立意更加宽阔，既有悲天悯人的现实主义精神，又有挥之不去的浪漫主义情怀。

昌黎先生——韩愈

坐井而观天
曰天小者
非天小也

我叫韩愈，是中唐时期的文学家、思想家、政治家，后世都称我为“昌黎先生”。对了，我还是成语制造大师，现代汉语中有三百多个高频成语都出自我手。

· 我有个好嫂子

3 岁时，我就没了双亲，哥哥也英年早逝，是嫂子郑氏一手把我带大的，所以我和小我两岁的侄儿十二郎感情深厚。我和侄儿一同求学，但 19 岁时嫂子却把参加科考的机会让给了我。我本想很快就能出人头地，好把嫂子、侄儿也接到长安享福，却不料接下来是十年人生低谷。

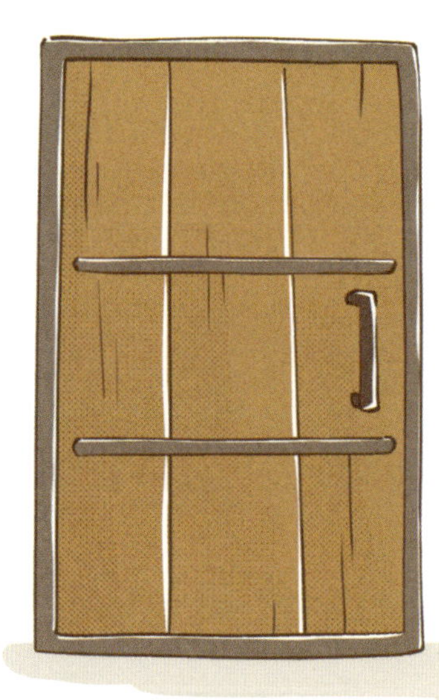

· 十年“京漂”

这十年，我不仅仕途上一筹莫展，经济上也捉襟见肘，只能靠抄书和替人写墓志铭赚点儿生活费，有时还要靠好友孟郊接济。无奈之下，我三次敲宰相家门“求职”，却连宰相的面也没见到。

“千里马常有，而伯乐不常有”，你们大概很难想到，《马说》背后竟是这样一段故事。

· 直言上谏

33岁时，我被任命为国子监四门博士，两年后升为监察御史。御史要敢直言上谏，这倒是很符合我的个性。

上任后不久，我就上书怒斥长安“市长”——京兆尹李实谎报灾情，不顾百姓死活，结果可想而知，我被贬到了千里之外当县令。此后十多年，我几经起落……

· 被贬潮州

元和十四年（819），因谏“迎佛骨”一事，我被贬为潮州刺史。那时我已经51岁，去到了地僻天远、民风不化的潮州，但我并没有就此沉沦。到任之后，我马不停蹄地修水利、建学堂、兴农桑、破鳄患，八个月就为当地百姓改天换地。后人说，自此“潮山潮水皆姓韩”，也算一段佳话吧！

一语点评

韩愈一生跌宕起伏，少时孤苦，青年困顿，中晚年波折，但始终不移其志。作为唐宋八大家之首，他亦是开启百代文风的宗师，上千年来深刻地影响着中国人的精神世界。

草原之花——萧太后

我叫萧绰，契丹人，后世一般称我为“萧太后”。我摄政时期，知人善任，锐意改革，整顿军队，为大辽的兴盛和发展做出了重大贡献。

·此女必成大事

我从小就聪明伶俐，办事利索，对任何事情都有种不达目的不罢休的精神，在一些琐碎的小事上也不例外。有一次，我和几个姐妹一起干家务活，她们草草地就收场了，唯独我还在认真仔细地打扫，把家里收拾得整整齐齐。我的父亲萧思温看到后，赞许我说：“此女必成大事！”

·临朝摄政

969 年，我被辽景宗耶律贤征召入宫，很快被立为皇后。但由于耶律贤身体多病，国事多由我来执掌。在我的努力下，辽国军事日渐强盛，社会经济也步入正轨。982 年，耶律贤去世，我儿子耶律隆绪继位，史称“辽圣宗”，我也被尊称为“承天皇太后”。那时我儿子还年幼，于是我继续临朝摄政。

· 岐沟关之战

986 年春，北宋三路大军攻打辽国。辽军先以偏师骚扰宋军，绝其粮道，随后趁其疲惫而进攻。到了五月，我与儿子耶律隆绪率领大军追击宋军至岐沟关（今河北涿州西南）。两军决战，宋军大败。这次战役中，北宋将士也展现了非凡的勇气，比如大将杨业孤军奋战，负伤被俘，最后绝食而死。

· 澶渊之盟

1004 年秋，我与儿子耶律隆绪亲率大军南下攻打北宋。一些北宋大臣主张避敌南逃，当时的宋真宗也想南逃，后因宰相寇准的力劝，才至澶州（今河南濮阳）督战。在澶州城下，宋军用八牛弩射杀辽将萧挞凛，我军士气大落，只好同宋朝议和，史称“澶渊之盟”。自此宋辽约为兄弟之国，维持了长达百年的和平。

一语点评

在萧太后近四十年的摄政期间，辽国国力达到了巅峰。她不仅是一位杰出的军事家和政治家，更是一位有着广阔视野和超凡素养的女性。

千古楷模——范仲淹

我是写出《岳阳楼记》的范仲淹，欧阳修、苏轼、司马光视我为人生偶像，后人评价我“文能安邦，武能定国”。

· 拼命的书生

我是个“猛人”，特别能吃苦。22岁时，我带着一支剑、一张琴，独自到应天书院求学。离开家，也就失去了经济来源，求学路变得异常艰辛。

在应天书院的四年里，我衣不解带，拼命学习，每天只吃一顿饭。功夫不负有心人，四年后，我终于高中进士。

· “三光”之灾

我中了进士，当了官，但也因为批评皇帝和太后遭遇了“三光”之灾。说起“三光”，不过是朋友们的戏语。第一次被贬，他们说我“此行极光”；第二次被贬，他们说我“此行愈光”；第三次被贬，他们说我“此行尤光”。“光”，是光荣、光耀的意思哦！

· 主持庆历新政

我人生的高光时刻，是担任参知政事，其间我主持了庆历新政。我为新政定下十条改革纲领，向陈旧的官僚体制开刀，将重心放在为民办实事上。此外，我还亲自查办了一些不作为的庸官。当然，新政触动了守旧派的“奶酪”，在他们的阻挠下，不仅新政失败了，我也因被诬告而被贬。

· 不按常理出牌

那一年，我在杭州做知州。当地闹饥荒，我不仅没去赈灾，反而在西湖泛舟，饮酒作诗，还力主建造寺庙、兴修水利。有人举报我不顾灾情，不理公务，还劳民伤财。他们岂知，城中富人纷纷仿效我，一时西湖游人无数，杭州经济得以恢复。而兴建寺庙和水利工程，也为老百姓提供了就业机会，解决了他们的生计问题。

一语点评

范仲淹心中始终装着百姓和国家，他的旷达，是心怀天下之后的开阔。正因如此，他才能无论身处何地、身居何位，都能坚守政治理想，坚持为民办事。

一生旷达的“醉翁”——欧阳修

我，欧阳修，号醉翁，晚年又称“六一居士”。很多人喜欢我的《醉翁亭记》和《秋声赋》，我的朋友尽是范仲淹、苏轼、王安石这样的文化巨人。虽然人生坎坷，但因为有这些文章和朋友，我这一辈子啊，也算值了。

· 画荻教子

我 4 岁那年，我的父亲就去世了。为了生活，母亲带我到随州投奔叔父。但叔父为官清廉，家里并没有多余的钱供我上学。所以，很长一段时间都是母亲以芦荻当笔、沙地为纸，教我认字。好在我天资不错，很会读书，后来考中了进士。

· 与范仲淹的忘年交

范仲淹比我大 18 岁，但他“先天下之忧而忧，后天下之乐而乐”的豪情感召着我，任官场污浊，而我们之间惺惺相惜。我追随范仲淹一起推行庆历新政，参与革新，连上奏疏，提出改革吏治、军事、科举等主张，却遭到保守派的攻击，新政也无疾而终。

· 作《醉翁亭记》

庆历新政失败后，将近 40 岁的我被下放到滁州，那是一个四处皆山、交通不便的偏远小城。人到中年，从中央大员到地方小官，从繁华的京城坠落到穷乡僻壤，换个人都会抑郁吧！我却不然，沉醉山水，与民同乐，不仅获得了“醉翁”的称号，还留下了千古名篇——《醉翁亭记》。

· 千年科举第一榜

1057 年，一个不寻常的年份。那年我 50 岁，和我的好朋友梅尧臣一起主持了会试。那一年的榜单里，有三人名列“唐宋八大家”，有两人名列“北宋理学五子”，更是有九人官至宰相！后人称之为“千年科举第一榜”，我也被誉为“千古伯乐”。

一语点评

欧阳修影响了北宋一朝的士风，当时文坛的中流砥柱多出自其门下或受其举荐，中国古代文化从此进入了自唐以后的又一个高峰，称其为“万世文章宗师”一点儿也不为过。

“砸缸”的史学家——司马光

我叫司马光，是北宋时期的政治家、史学家。我因《资治通鉴》名垂青史，也因反对王安石变法而被脸谱化为“反面人物”。

·“砸缸”少年

我7岁时就已经像成年人一样沉着、稳重了。一天，我和一群小朋友在庭院里玩，一个小朋友站在大瓮上，失足跌落瓮中被水淹没，其他的小朋友都吓跑了，只有我拿石头砸开了瓮，水从瓮中流出，小朋友得以活命。后世流传着“司马光砸缸”的故事，其实我砸的是瓮，并非缸。

·低调宰相

我这人比较低调，即使当了宰相，也一点儿架子都没有。我字“君实”，家中仆人一直称呼我为“君实秀才”。一次，苏东坡来到我家做客，听到仆人对我的称呼，开玩笑说：“你家主人已经是宰相了，应该称‘君实相公（唐宋时，对宰相的尊称）’！”仆人大吃一惊，以后见了我都毕恭毕敬地尊称“君实相公”。

·与王安石反目

我跟王安石曾是至交，我欣赏他的人品、能力和才华。我们都渴望富国强兵，一改大宋积贫积弱的局面，但我实在无法认同他的变法主张，更对他在变法过程中显示出的急功近利、刚愎自用忧心不已。可惜他一意孤行，于是我只能和他决裂……这也为历史留下了无尽的遗憾。

·编撰《资治通鉴》

因反对王安石变法，我上疏请求外任。熙宁四年（1071），我离开京城开封，此后居住西京洛阳15年。在这段悠悠的岁月里，我抱着“宁失于繁，毋失于略”的治史态度，主持编撰了二百九十四卷近四百万字的编年体通史《资治通鉴》。正因为这部不朽之作，我得以与太史公司马迁并称“史界两司马”。

一语点评

司马光一生最大的成就不在为政而在治史，他以严谨的态度完成了煌煌巨著《资治通鉴》。通鉴不朽，则司马光不朽。

超越时代的改革家——王安石

我叫王安石，是北宋时期的政治家、文学家和改革家。我本来可以成为一代文坛领袖，但一场变法，让我毁誉参半……

· 囚首丧面

我这人不太注意自己的仪表，有点儿邋遢……苏洵曾经说我整天“囚首丧面”。名臣韩琦任扬州知州时，我为签判，成了他的幕僚。我经常通宵达旦地读书，因此上班时多来不及洗漱装扮。韩琦以为我夜夜寻欢作乐，就劝我不可荒废读书。我也不辩解，他只是不了解我的生活习惯而已。

· 从基层干起

我屡次放弃做京官的机会，主动下基层，以实干出真知。20 多岁时，我在浙江鄞县当了四年知县，其间我兴修水利、平抑粮价、扩办学校，创造了“鄞县经验”，东南诸县皆视为典范。此后 20 余年，我始终在一线实践、磨砺、沉淀我的政治理想，就等着有一天可以派上用场。

·熙宁变法

熙宁二年（1069），朝廷任命我为参知政事，第二年我正式拜相。与此同时，我以急风骤雨之势在全国范围内推行新法。新法触及了社会的方方面面，其力度之强、改革之深、思想之超前，可与商鞅变法相提并论。

然而，在我最大的支持者神宗皇帝过世之后，推行了十几年的新法被尽数废除，我的毕生心血毁于一旦。

·张公和相公

变法失败后，我退居江宁，结茅居于钟山之下，时常拄杖进入附近村落。

村中有个老者姓张，与我最为熟悉。每当我步行到他家门口，都要喊一声：“张公。”张公闻言，也应声而答：“相公（唐宋时，对宰相的尊称）。”唉，当初我作宰相的时候，也只和张公有一个字不同罢了。

一语点评

以后人的眼光来看，王安石变法虽然带来了经济方面的成功，但也导致了政治集团的决裂，北宋权力最高层自此陷入了急剧的政治分立，埋下了深刻的国家危机。

百科全书式的科学家——沈括

我叫沈括，我被后人称为“中国整部科学史中最卓越的人物”，我所著的《梦溪笔谈》被誉为“中国科学史上的里程碑”。

· 勇探“钩吻”

我出生于杭州一个官宦家庭，幼时勤奋苦读，很早就读完了家里的藏书。后来我又随做官的父亲游历各地，表现出极强的观察力和求知欲。我随父亲南下泉州时，见到了当地一种叫“钩吻”的植物，就是俗称的断肠草。当时我才十几岁，却敢将这种剧毒植物拿来细细观察，并且指出医书上记载的不严谨之处。

· 出使辽国

熙宁八年（1075）三月，宋辽边界发生冲突，辽国要求以黄嵬山为分界线，宋廷不同意。两国谈判不成，拖而不决。我到枢密院查阅以前的档案文件，发现两国过去商定的协议是以古长城为界，而黄嵬山在古长城以南，相距有三十里之遥，遂上报朝廷。后来，我还以大使的身份出使辽国，据理力争，维护大宋利益。

· 命名“石油”第一人

在延州（今陕西延安）任职期间，我发现当地人燃烧一种黑色液体取暖、照明，该液体黏稠似胶，烧起来火很旺。因为这种黑色液体是从岩石缝里溢出来的，我便将其命名为“石油”。后来，我还将石油燃烧后积累的烟尘带回去加工成墨，用来写字作画。该墨黑亮似漆，效果很好。

· 撰写《梦溪笔谈》

《梦溪笔谈》是我晚年写的笔记体著作，书中除了我的个人经历、发明创造和独家考证，还记录了许多别人的成果。其中，最突出的是详细记载了毕昇的活字印刷术，这是现存唯一有关活字印刷术的原始资料。此外，书中对指南针的记载不但是最早的，而且最为详细。

一语点评

沈括博学善文，在天文、历法、算学等方面成就卓著，他算得上中国历史上的一位百科全书式的科学家。

旷世奇才——苏轼

只要你读宋词，就绕不过我的《念奴娇·赤壁怀古》；只要你练书法，就绕不过我的《寒食帖》；即便你不读宋词、不练书法，那你多少也听过我的东坡肉。是的，我就是北宋大才子——苏轼。

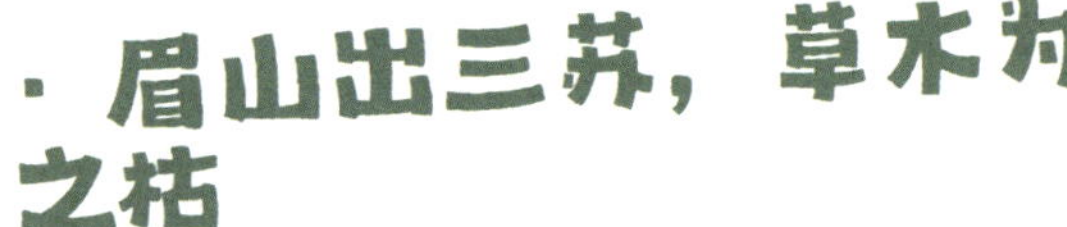

· 眉山出三苏，草木为之枯

北宋景祐三年（1036），我出生于眉州眉山（今四川眉山）。传说在这一年，眉山一座原本郁郁葱葱的大山忽然离奇地树木凋零。后世便因此流传下一句民谣：“眉山出三苏，草木为之枯。”说我们苏家父子用尽了眉山的灵气。

· 屈居第二

21岁时，我到东京汴梁（今河南开封）参加会试。阅卷官梅尧臣看到我写的考场作文后惊喜不已，要求主考官欧阳修将其列为第一。欧阳修看了之后也觉得极好，但又怀疑这文章是他的学生曾巩写的。为了避免招人闲话，欧阳修决定将其列为第二名。就这样，我因为欧阳修的“误会”而屈居第二。

· 东坡居士

我的仕途非常不顺，经常被贬。那一年，我拖家带口来到黄州，当时我的俸禄十分微薄，生活一度陷入困境。幸好我在黄州的好友马正卿伸出援手，为我申请了一块荒地。这块地在黄州城东。我带领一家人开垦荒地，种上庄稼。

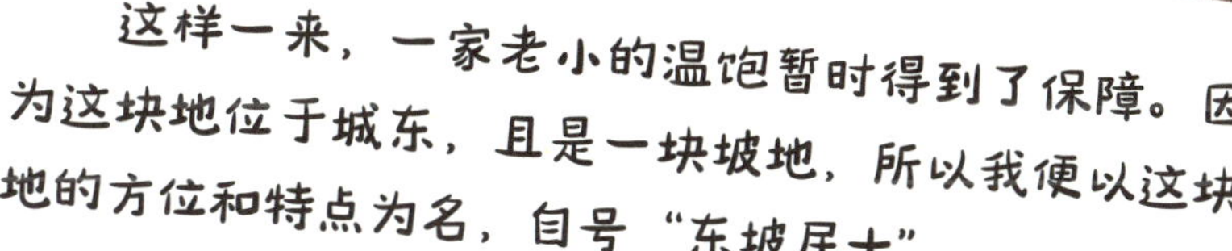

这样一来，一家老小的温饱暂时得到了保障。因为这块地位于城东，且是一块坡地，所以我便以这块地的方位和特点为名，自号“东坡居士”。

· 东坡肉

我爱吃肉，没钱买牛羊肉，那就吃猪肉。我做猪肉的方法特别简单：锅洗净，添水少许，虚火慢炖，中间不要急，就让它一直炖，火候足了，肯定美味。这就是东坡肉，我每天早晨起来能吃两碗呢。

一语点评

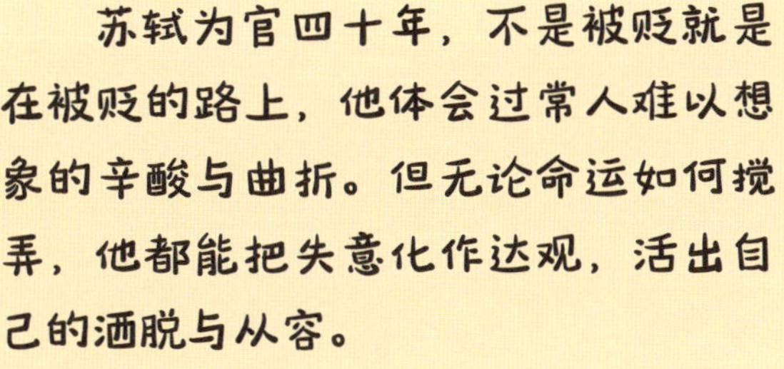

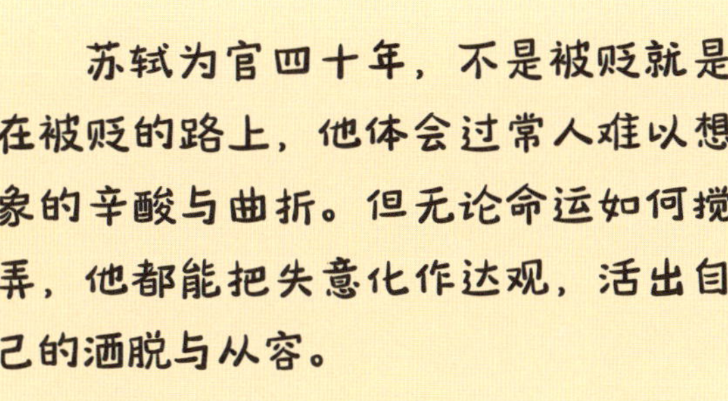

苏轼为官四十年，不是被贬就是在被贬的路上，他体会过常人难以想象的辛酸与曲折。但无论命运如何捉弄，他都能把失意化作达观，活出自己的洒脱与从容。

悲情英雄——岳飞

我叫岳飞，字鹏举，相州汤阴（今河南汤阴）人。我是抗金英雄，位列南宋“中兴四将”之首，千古传诵的《满江红·怒发冲冠》就是我写的。

·尽忠报国

年轻时，我目睹了金人暴行，无比悲愤，打算投军杀敌，但由于父亲已经去世，担心妻儿老母在战乱中难以保全。我的母亲姚氏是一位深明大义之人，为了勉励我奔赴疆场，她在我的后背上刺了“尽忠报国”四个字。有了家人的支持，我跃马远行，开始了波澜壮阔的一生。

·“岳家军”

我所率领的“岳家军”纪律严明，战功显赫，深受人民爱戴，是南宋抗金斗争的中流砥柱。在很短的时间内，我军凯歌猛进，席卷开封，与驻扎于朱仙镇的金军精锐部队兵戎相见。

我军士气高涨，人人奋不顾身，当地百姓也非常支持我们。我喜不自禁，觉得收复中原指日可待。

· 十二道金牌

就在南宋子民翘首以盼“岳家军”完全收复中原领土之时，我却连续收到十二道金牌：宋高宗命我迅速班师。

看着手上的十二道金牌，我想起之前曾对众将士说：“直捣黄龙府，与诸君痛饮耳！”可面对现实，我禁不住痛哭流涕。十年之功，废于一旦！我在班师途中不禁仰天长啸，《满江红·怒发冲冠》就是在这时满怀壮烈地写下的。

· 莫须有

1142 年 1 月 27 日，是南宋历史上最黑暗的一天。这一天，我在临安大理寺狱中被以“莫须有”的罪名杀害。我的死讯传出，万民为之垂泪……20 年后，南宋第二任皇帝宋孝宗下诏为我平冤昭雪，谥号武穆，并将我的遗体依礼改葬，后又追封我为鄂王，为我建庙祭祀。

一语点评

一代名将岳飞，率军四次北伐，取得骄人战绩，却在意气风发之际被朝廷以十二道金牌火速召回，最终含冤死去。他是一位英勇的将军，也是一出悲剧的主角。

千古第一才女——李清照

我叫李清照，是北宋乃至中国历史上最著名的女词人。我的前半生锦衣玉食、岁月静好，后半生孤苦凄凉、颠沛流离，我在两宋之交的乱世中夹缝求生……

· 岁月静好的前半生

我的人生开篇很完美，父亲李格非是文章大家，母亲是名门之后。我自小无忧无虑，在文学创作上浪漫自由，写了很多词工句丽的作品。18 岁时，我嫁给宰相之子赵明诚，也嫁给了爱情。

我俩醉心于研究诗词和金石学，并不关心官场上的尔虞我诈，过着悠闲的生活。这也是我人生中最后的美好时光。

· 颠沛流离的后半生

“靖康之变”改变了国家的命运，也改变了我的命运……从 44 岁开始，为了躲避金人侵略，我频繁搬家，流离于江浙沪一带，不仅毕生珍藏的大量古籍文物惨遭损毁流失，丈夫也在辗转中染病去世了。真是“凄凄惨惨戚戚”啊！

·宁为玉碎，不为瓦全

丈夫死后，一个名叫张汝舟的人对我嘘寒问暖，关怀备至。孤身飘零的我禁不住软磨硬泡同意改嫁，谁料婚后不久他就暴露了本来面目——他觊觎我的家藏典籍，索要不成就对我横加虐待。我反手将他告上公堂，决意离婚。根据当时的法律，妻告夫，就算赢了，自己也要被判入狱两年。但我就是宁为玉碎，不为瓦全！

·毒舌词评家

我不仅写词，还敢评价前朝与当世的大家，虽然毒舌、有点儿狂妄，但也是事实呀——比如，柳永的词虽合音律但庸俗，晏殊、欧阳修、苏轼词美但音律不协调，贺铸的词不够深刻，晏几道的词平铺直叙，秦观的词空洞……

一语点评

李清照的人生因为国破家亡陡然断裂为两个阶段。寄蜉蝣于乱世，她以坚韧不拔的态度、独特的人生体验和敏锐的视角扩大了词的意境和范围，提出了“别是一家”的理论，对词的发展产生了深远的影响。

“词中之龙”——辛弃疾

我是南宋豪放派词人辛弃疾，有“词中之龙”之称。我一生以“归正人”的身份任职于南宋各地，最盼望王师北定。可朝廷流行不抵抗主义，我报国无门，空留豪壮与绝望。

·立志收复中原

我出生时，家乡山东就已沦陷于金人之手。幼年的我亲眼目睹汉人在金人统治下遭受屈辱与痛苦，这使我早早就立下了收复中原、报国雪耻的志向。

我曾两次前往金都燕京（今北京），以参加进士科考试的名义借机侦察金国的形势。

·反金归宋

21岁时，我集结家乡两千义士投奔抗金义军领袖耿京。23岁时，我率五十人突袭金兵大营，活捉叛将张安国，并甩开五万敌军，连夜狂奔千里到达南宋都城临安（今浙江杭州）。朝野上下大为震动，宋高宗对我“一见三叹”。由此，我正式开始了在南宋数十年的为官生涯。

·“归正人”的无奈

当我一片丹心报国之时，朝廷的反应却很冷淡。他们将我和跟我一样来自北方金国统治地区的爱国志士视为“归正人”，不仅小心提防，而且在官职升迁上设置隐形“天花板”。

按说我这样的人就应该派到抗金第一线，但实际上呢，除了短暂领兵平息南方茶商叛乱，南归后的我再没机会纵马疆场，一生困于州郡之任。

·男儿到死心如铁

更可笑的是，为官 43 年，我被频繁调任多达 37 次。那些主和派、偏安派就是不想让我好好工作！既然难有作为，我就写词作赋，将慷慨激昂的爱国之情抛洒在纸张上，我竟然因此成了豪放派词人的代表人物。男儿到死心如铁，我以笔为剑，收复中原的信念绝不会动摇。

一语点评

辛弃疾一生以恢复中原为志、以功业自励，但却命运多舛、壮志难酬。万般无奈之下，他只能把满腔激情和对国家兴亡、民族命运的关切、忧虑，全部寄寓于词作之中。

亘古男儿一放翁——陆游

我叫陆游，是南宋时期的诗人。我出生不久便赶上“靖康之变”，自小背负了国仇家恨，读书之余不忘骑马练剑，只盼有朝一日能上阵杀敌，北定中原。可惜啊，我时运不济，只能带着无尽的遗憾与失落走完最后的人生旅程。

· 敢言敢行

三十多岁，我才当上一名八品小官，负责公文校对。官虽小，我却干得很认真，朝廷让提意见，我当真了。于是，我先是跟同事较真，接着跟权臣掰扯，后来更是反驳皇帝。结果可想而知——好不容易戴上的乌纱帽又丢了，只能赋闲在家。

· “不合时宜”的主战派

44 岁时，我被再度起用。此后二十余年，我辗转多地，担任了好几个无足轻重的官职。我反复建议朝廷出兵收复故土，结果我的提议不是被否定，就是石沉大海。直到 66 岁，我还拖着老迈的身躯向皇帝谏言北伐，但这一次甚至被主和派扣上了“不合时宜”的帽子，也又一次换来了漫长的“假期”。

· 至死方休的“诗狂”

我12岁开始写诗，活了85岁，写了73年，临终还以一首《示儿》诗告诫子孙务必在朝廷北定中原之时告慰我的在天之灵。粗略统计，我一共写了上万首诗，平均两天半一首，是名副其实的“诗狂”。

· 《钗头凤》

我的诗大多表达了对时局的不满，抒发慷慨激昂的报国热情以及壮志难酬的悲愤，不过令广大“文青”最意难平的还是那首写尽人间无限憾事的《钗头凤》。我和表妹唐婉，年轻时最美好的爱情，最深刻的无奈，最悔恨惆怅的分离，注定刻骨铭心一生。

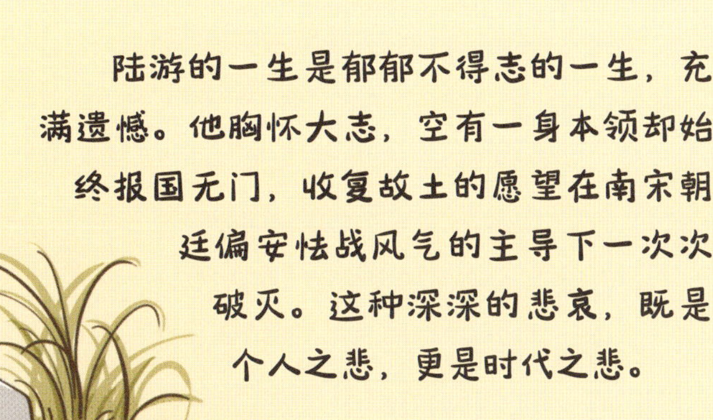

一语点评

陆游的一生是郁郁不得志的一生，充满遗憾。他胸怀大志，空有一身本领却始终报国无门，收复故土的愿望在南宋朝廷偏安怯战风气的主导下一次次破灭。这种深深的悲哀，既是个人之悲，更是时代之悲。

法医鼻祖——宋慈

我叫宋慈，是中国历史上最著名的法医，我写的《洗冤集录》是公认的全世界第一部法医学著作。但真实的我，是一个另类的、孤独的天才。

· 和大师同框

我出生于福建建阳一个很有根基的家族，祖父辈都是当官的。我的童年和少年时代，是在理学大师朱熹的亲身熏陶下，在考亭书院的浓厚学术氛围中度过的。我的启蒙老师是朱熹的弟子吴稚，我从小就接触了朱熹门下的许多青年才俊。

· 仕途顺畅

得益于青少年时期接受的优质的教育，19 岁那一年，我被遴选入读南宋最高学府——临安太学，我的老师真德秀不仅是朱熹的再传弟子，还是南宋的大学问家。我像我的祖先一样，朝着考科举、做官的方向努力，31 岁时考中了进士。39 岁正式步入官场之后，我的仕途比我的祖先们更加顺畅。

· 提点刑狱

在39岁至64岁之间，我辗转江西、福建、广东、广西、湖南等地任职，最高做到正二品的广东经略安抚使。

从53岁之后，我主要担任“提点刑狱”的职务，负责司法、侦缉、审判、监察一类的工作，成为一名有鲜明专业背景、能够独当一面的技术型官员。

·《洗冤集录》

后世都说我是“穿越者”，这其实源于《洗冤集录》中那些奇奇怪怪的法医学知识。不过，除了《洗冤集录》，我没有留下任何诗词、散文、书信。

我表面上是南宋官场、学术圈再主流不过的一个人，但事实上我自始至终都是“局外人”。我融不进那些风雅、活跃的社交圈子，看起来就像一个和周遭环境格格不入的“穿越者”。

一语点评

宋慈几乎凭借一己之力缔造了中国传统法医学。而且这门学问经受住了时间长河的冲刷，在他去世之后的六百多年中，被世人传承和发扬光大。

南宋最后的孤勇者——文天祥

我叫文天祥，江西吉安人，是南宋末年的政治家、文学家。那句悲壮激昂的“人生自古谁无死，留取丹心照汗青”，就出自我所作的《过零丁洋》。

· 才貌双全的状元

我身材魁伟，皮肤白净，眉清目秀，可谓相貌堂堂，一表人才。我不光长得好看，学习也很好。21 岁时我参加科举考试，以“法天不息”为题写作文，文章洋洋洒洒一万多字，没有草稿，一气呵成。

当时的皇帝宋理宗看后，亲自认定我为进士第一名，就是俗称的“状元”哦！

· 屡遭排挤

1258—1259 年，蒙古军分兵三路南侵。宦官董宋臣建议皇帝迁都，朝中竟无人敢非议。我当时虽然官职不高，但还是勇敢上书，请求斩杀董宋臣。不出所料，我的建议不被采纳。此后，我备受奸臣的排挤，仕途很不顺。于是我便辞去官职，回家隐居。

反对

· 起兵抗元

1271 年，元朝建立，元军大举攻打南宋。国家危难之际，我挺身而出，变卖了家中所有财产，招兵买马去抵抗蒙古铁骑。1276 年，朝廷封我为右丞相，派我到元军中议和。因为触怒元军主帅伯颜，我被扣留了。幸好我趁看守不备，逃回了南方，继续从事抗元活动。

· 以死报国

可惜啊，大厦将倾，我独木难支，最终战败被俘。元军将领一直劝我投降，许以我高官厚禄，但我始终不从。南宋彻底灭亡后，我被押送到大都，元世祖忽必烈也来劝降我，可我已抱必死之心，坚决不肯投降。

1283 年，忽必烈决定把我杀了。临刑前，我向南方拜了三拜，然后慷慨赴死……

一语点评

文天祥用自己的一生诠释着儒家忠义的思想。他入仕报国，一腔忠烈，在国破家亡之际，不屈不挠，从容就义。明代时，他被追赐谥号“忠烈”，他也与陆秀夫、张世杰并称为“宋末三杰”。

元朝奠基之臣——耶律楚材

我叫耶律楚材，字晋卿，契丹人，是大蒙古国时期杰出的政治家。我的一生辅佐过蒙古两代大汗，深得他们信任，同时也受到百姓们的爱戴。

· 贵族学霸

我出生于燕京（今北京）契丹贵族之家，是辽太祖耶律阿保机的九世孙、金朝尚书右丞耶律履之子。我自小聪慧好学，博览群书，不仅精通史学和汉文，还旁通天文、地理、律例、医学、术数。作为贵族后代，我本可以直接做官，但我还是参加了科举考试，并在殿试中脱颖而出，从此进入仕途。

· 获成吉思汗赏识

1214 年，成吉思汗攻打金国，金章宗被迫迁都至汴京（今河南开封），而我留守在燕京，被任命为左右司员外郎。

一年后，蒙古大军攻破燕京，我也成为战俘。成吉思汗得知我才华横溢、满腹经纶后，派人向我询问治国大计。我给出的策略获得了成吉思汗的赞赏，于是我被任命为辅臣。

· 匡佐蒙古

1219 年，我随成吉思汗西征。我通晓征伐、治国、安民之道，屡立奇功，备受器重。1226 年，我又随成吉思汗征西夏，谏言禁止州郡官吏擅自征伐杀戮，使贪暴之风有所收敛。

窝阔台汗即位后，我继续受到重用。我主张保护农业，发展社会经济，并推行礼制和法制，使得社会秩序安定，国家日益兴盛。

· 集药治疫

当蒙古军队攻城略地、抢夺金银的时候，颇通医理的我却在收集各种书籍，寻找药材来防治因战争而可能产生的流行疾病。

当年蒙古大军攻下西夏国时，我只取了几部书籍，并搜集了许多西夏药材。不久，军中瘟疫蔓延，我的那些药材救活了好几万人。

一语点评

耶律楚材辅政期间，大力推动文治，逐步构建“以儒治国”的方略。他所主张的制度措施为元朝的建立奠定了坚实的基础，对元朝的各项发展和治国走向产生了深远影响。

大元开国皇帝——忽必烈

我叫孛儿只斤·忽必烈，蒙古族，是成吉思汗铁木真的孙子，智勇双全。作为元朝的开国皇帝，我建立了中国历史上第一个“大一统”的少数民族政权。

· 建立大元

年轻时，我在汉族儒士的影响下学到了很多知识，也认识到儒家学说对于社会和国家的治理具有重要作用，这为我日后以汉法治汉地提供了很好的思想准备。1271 年底，我取《易经》中“大哉乾元”之义，将国号由“大蒙古国”改为“大元”，我也从大蒙古国可汗变为大元开国皇帝。

· 营建元大都

1267 年，我下令迁都于中都，后改名为“大都”，也就是后来的北京城。大都，在蒙古语中为“汗八里”，意为“大汗之居处”，它原是大辽的南京和金朝的中都。我在营建大都时，特意避开了金中都废墟，而在其北面高梁河下游建立了一座全新的城市。元大都是当时东方著名的繁华之城，是中外文化交流的中心。

· 发明涮羊肉

我经常率军远征，在路上，吃饭是个大问题。一次，军中正准备炖羊肉吃，可探子来报，敌军正在逼近。我急中生智，命令厨子把羊肉切成薄片，放在锅里涮几下，再撒点儿调料就能吃了。士兵们对这种吃法赞不绝口，我也超级开心。“涮羊肉”就是这么来的。

· 乘坐“象舆”

我在征伐大理国时，逐渐熟悉了大象这种体形巨大的动物，并将它们带回了元大都。我对于大象的喜爱远超过以往历史上的所有皇帝，不仅要求地方上进贡大象，还制作了用大象拉的车。当年马可·波罗曾经目睹我乘坐四头大象拉的“象舆”出行的场景，称这是世所罕见的。

一语点评

忽必烈既是元朝的建立者，也是影响元朝一代统治的杰出帝王。他开创了一个疆域广袤、文化繁荣、经济繁荣的伟大王朝，为中国的历史留下了浓墨重彩的一笔。

擅长治水的科学家——郭守敬

我的祖父精通数学、水利，在他的悉心教导下，我青出于蓝而胜于蓝，不仅能治水，还擅长天文、历法。我的很多发明对后世影响深远。

· 师承刘秉忠

我曾拜在刘秉忠的门下。刘秉忠是我的邢州（今河北邢台）同乡，他以僧人的身份担任忽必烈的高级幕僚，对元大都的营建发挥了重大作用，元朝的国号都是源自刘秉忠的建议。可以说，我后来的很多成就都要归功于刘秉忠的教诲。

· 主持修建白浮泉引水工程

元朝定都大都，政治中心北移，京杭大运河也通到了通州。然而，从通州到大都这二十多公里的水路运输并非易事，原因在于通州的地势低于大都，开运河只能从大都引水，流向通州。61 岁的我踏遍京郊的山山水水，历尽千辛万苦，终于发现昌平温榆河水系的白浮泉水量充足，是运河的理想水源。随后，我主持修建了白浮泉引水工程，使漕船能够直航大都城内的积水潭，真正实现京杭大运河的全线贯通。

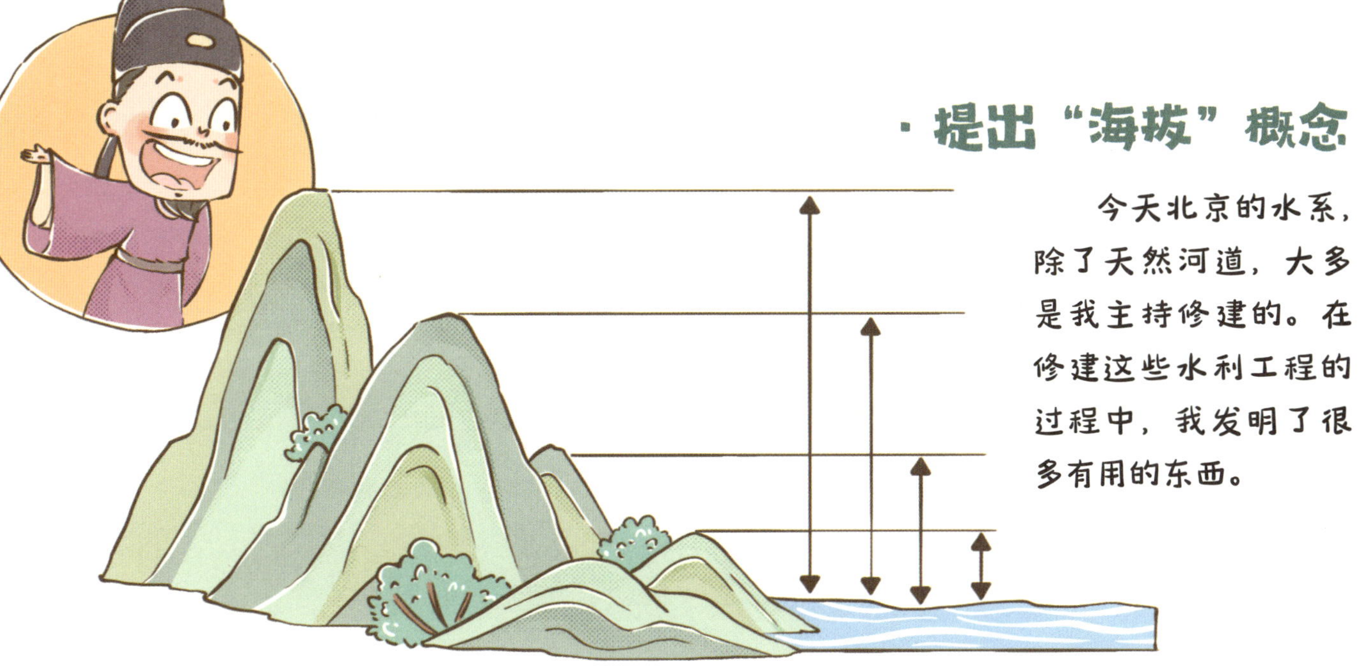

· 提出“海拔”概念

今天北京的水系，除了天然河道，大多是我主持修建的。在修建这些水利工程的过程中，我发明了很多有用的东西。

比如“海拔”这个概念，就是我最先提出的。我以海平面高度作为高程起算的基准面，这在世界测绘史上具有重要意义。

· 建测影所

1279 年，受忽必烈委派，我开始了“四海测验”的大规模天文观测活动。我在元朝广袤的版图上设立了 27 个分布在不同纬度的测影所，通过观测当地的日影长短，计算出了比较精确的天文数据，并以此为材料编成了新历法——《授时历》。这 27 座测影所中唯一保存至今的，就是河南省登封市的观星台。

一语点评

郭守敬的一生，足迹遍及半个中国，完成大小百余处河渠泊堰的治理，科技成就有二十几项，许多成果遥遥领先于当时的世界水平。

响当当的铜豌豆——关汉卿

我叫关汉卿，是个剧作家，我一生的戏剧创作十分丰富，如《窦娥冤》《救风尘》《单刀会》等。我与白朴、马致远、郑光祖并称为“元曲四大家”，当然，我是“四大家”之首。

· 出身医户

我出生于金朝末年，家里是行医的，生活条件稍微优越于一般百姓，这使得我有幸接受了教育。元朝统一全国以后，我被政府编入“医户”。实际上，我是一个为普通百姓服务的底层医生，杂剧创作和演出只不过是我的兼职。

· 北漂大都

为了谋生，我来到大都（今北京），专业从事杂剧的创作活动，甚至亲自粉墨登场。我流连于勾栏瓦肆，与一些当红艺人相当熟悉，常在一起商酌文辞，评改作品。我与剧作家王实甫关系密切，著名的元杂剧《西厢记》就是我们两人共同完成的。

· 南下淘金

元代，除大都外，中国南方的杭州、扬州、泉州等地的商业也十分发达，大批北方剧作家和艺人为了谋生，纷纷南下淘金，我也不例外。在扬州，我遇到了当时著名的女艺人珠帘秀，于是，才子佳人故事开始上演……

· 智斗捕头

随着我的名气越来越大，官府认为我蛊惑民众，大逆不道，于是下令抓捕我。一天夜里，我遇上了抓捕我的捕头，但捕头有些犹豫：若捉住我吧，他有点不忍心；若放了我吧，五百两赏银就得不到了。

我猜出了捕头的心思，便说：“台上莫逞强，纵使厚禄高官，得意无非俄顷事；眼下何足算，到头来抛盔卸甲，下场还是一般人。”捕头听出了弦外之音，知趣地走了。

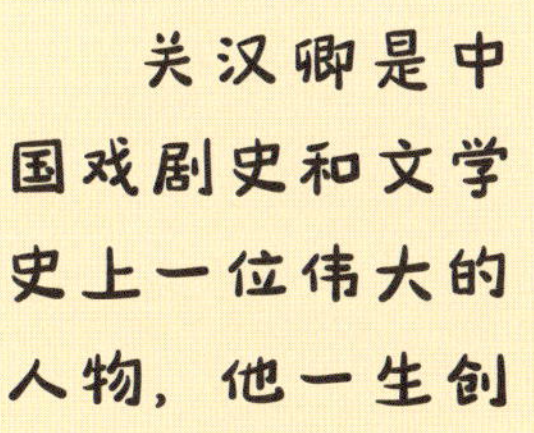

关汉卿是中国戏剧史和文学史上一位伟大的人物，他一生创作了许多杂剧和散曲，成就卓越。他的《窦娥冤》等作品早就被翻译介绍到欧洲，已成为中国人民和世界人民共同的精神财富。

衣被天下的“棉神”——黄道婆

我叫黄道婆，是生活于宋末元初的江南女性。我靠着自己的聪明智慧和勤奋辛劳，成了“中国古代棉纺第一人”。

· 可怜的童养媳

我年幼时家境贫寒，被卖给人家做童养媳，在婆家每天都要做杂活和织布。当时的棉花种植刚传入松江府（今上海），棉纺技术并不成熟，棉花籽得一颗一颗地剥，纺织出的布也比较粗糙。好在我勤学好问，织出的布总是好于周围人，很快就成为家乡有名的“纺织小能手”。

· 逃往崖州

婆家人对我一直都不好，我在大病一场后逃往了海南岛南端的黎族居民聚集地——崖州。

由于和当地人语言不通，我只能躲在一个道观里，幸好黎族人民风淳朴，大家对我关照有加，还亲切地称我为“黄道婆”。我很快就融入了当地人的生活，并发现那里盛产棉花，棉纺技术也遥遥领先，于是我便向当地人虚心求教。

· 回乡传艺

我在崖州生活了三十多年，一直很想念家乡。在听闻元朝设置了“江南木棉提举司”，且开始征收棉布后，我便义无反顾地回到了家乡松江府。回乡后，我发现松江的纺织技术依然非常落后，便把自己掌握的精湛纺织技艺毫无保留地传授给了同乡们。

· 创新棉纺技艺

棉花去籽一直是个难题，我在家乡推广了轧棉的搅车，大幅度提升了工作效率。除了改善纺织工具，在纺织技术上，我也融合了汉族和黎族的精髓，总结出较先进的“错纱、配色、综线、挈花”等技艺。自此，松江府以及整个长三角地区一跃成为中国著名的棉花种植基地和棉布纺织中心。

一语点评

黄道婆对长江流域棉花种植业和棉纺织业的迅速发展起了重要作用，被后人誉为衣被天下的“棉神”。她去世后，上海、海南两地乡民均立祠祭祀。

和尚皇帝——朱元璋

我叫朱元璋，是大明王朝的开国皇帝，也是中国历史上少有的平民出身的皇帝。当然，我有不朽的功勋，也有过严重的过失。

· 本名“朱重八”

我出生在濠州（今安徽凤阳）的一个贫苦农民的家庭，因在家族兄弟中排行老八，故本名“朱重八”。16岁那年，在不到半个月的时间里，我的父亲、大哥及母亲先后去世。家里没钱买棺材，也没有土地埋葬亲人，是好心的邻居施舍了一块坟地，我才把亲人埋葬了。为了活命，我只好去做了和尚……

· 加入红巾军

即使做了和尚，依旧吃不饱饭，我只好又去流浪。适逢元朝末期，农民起义风起云涌，经过深思熟虑后，我毅然加入了红巾军。

我作战勇敢，又粗通文墨，很快得到了红巾军将领郭子兴的赏识，他还把养女马氏许配给我做妻子。就此，我改名“朱元璋”，并逐渐成长为红巾军的重要将领。

· 建立大明

当时的义军有好几支，大家谁也不服谁。我先是在鄱阳湖与陈友谅展开了决战，最终取胜，此后又陆续打败其他义军势力，统一了江南。1367 年，我发动了北伐元朝的战斗，然后在不到一年的时间内就打下了大都，元朝就此灭亡。1368 年，我在南京称帝，国号“大明”。

· 洪武之治

建立明朝后，我减轻农民赋税，奖励农业生产，组织各地兴修水利，大力提倡种植桑、麻、棉等经济作物和果木作物，并惩治贪官，提倡节俭。

在我的努力下，社会生产逐渐恢复和发展，史称“洪武之治”。当然，我在位期间也大杀功臣，间接导致了“靖难之役”时朝中无可派之将的局面。

一语点评

朱元璋出身卑微，却凭着自己的战略眼光和不懈努力，推翻了腐朽的元朝，建立了延续二百多年的明朝。他告诉我们，坚强的意志和决心可以战胜一切困难。

带回长颈鹿的航海家——郑和

我原本姓马，被明成祖朱棣赐姓郑，因此叫“郑和”。由于具备军事才能，并且得到朱棣的信任，我得以率领舰队七下西洋。

· 卷入冲突

第一次远航，在抵达爪哇岛时，我遭到了袭击。原来，爪哇国东西两王正在内战，我误入东王领地，被西王误认为东王援军。

西王擅自攻打我的舰队，致使多名明军伤亡。以我的舰队实力，平定西王不费吹灰之力。可我不仅没有报仇雪恨，还与西王和平讨论，并得到了对方真诚的道歉。最终化干戈为玉帛。

· 打击海盗

第一次远航返航时，经过马六甲海峡，我的舰队与一个海盗集团爆发了海战。该海盗集团的头领是祖籍广东的陈祖义，他眼红舰队满载的宝物。我们将陈祖义的舰队诱入埋伏圈后，突然施用各种火器密集发起攻击。他的舰船被焚毁十艘，被俘获七艘，而我的舰队几乎没有损失。后来，我们也抓获了陈祖义。

· 解决王位纠纷

第四次扬帆远航，是我历次航海中规模最大的一次，光船队搭载的士兵就有两万九千名。在这次航行途中，我的舰队意外地卷入了苏门答腊岛上的军事冲突。

这是一起复杂的王位纠纷，曾有一万多人的军队向舰队进攻，但很快被我打败，我还生擒了罪魁祸首。

· 带回长颈鹿

同样是在第四次航行中，我到达了东非的麻林国。在那里，我第一次看到了神话中的神兽——麒麟。

我带着麻林国使者和麒麟回到南京那天，朱棣亲往奉天门主持欢迎仪式，文武群臣竞相祝贺。但……那就是一只长颈鹿。

一语点评

郑和下西洋加强了中国与南洋各地的联系，很多国家都在此之后派使者来中国贸易。另外，郑和下西洋也开阔了中国人的视野，在他的影响下，到南洋去的中国人也日益增多。

大明第一忠臣——于谦

我叫于谦，是明朝中期的政治家、军事家。因抗击瓦剌有功，我被称为“大明第一忠臣”，最终却以“谋逆”的罪名被处死……

·《石灰吟》

我出身官宦世家，父亲于彦昭为人正直，尊礼重义，父亲良好的道德品行对我产生了深刻的影响。在父亲的言传身教下，我自幼树立了远大的志向和抱负。十几岁时，我看到工匠采石炼灰，有感而发，写下了《石灰吟》。我借对石灰的赞颂，表达了自己“要留清白在人间”的理想，这也是我一生的写照。

·巡抚河南、山西

23 岁时，我进士及第，从此步入仕途。宣德五年（1430），我以兵部右侍郎的身份巡抚河南、山西，适逢两省发生自然灾害，饿殍遍野，流民塞途。我开仓济民，施舍官粥，还动员富户降价，将余粮卖给饥民。我不遗余力，采取各种措施赈济灾民，救活了无数百姓。

· 只有清风

明朝中期，官场腐败，贿赂之风盛行。大太监王振把持朝纲，地方官员见风使舵，每逢朝会期间，进见王振都献上重金厚礼。但我个性刚直，不愿同流合污，每次进京总是两手空空。

有人劝我，即使不愿意进献金银财宝，难道还没有一两样土特产作为见面礼吗？我笑着甩了甩两只袖子说：“只有清风。”

· 北京保卫战

“土木堡之变”中，明英宗被俘，瓦剌兵直逼京师。我以“社稷为重，君为轻”，力排南迁之议，拥立明代宗继位，并调集各路兵马严守京城，率领全城军民击退瓦剌军队，稳定了时局。瓦剌军见无隙可乘，被迫释放明英宗。我忧国忘身，口不言功，但因个性刚直，也招致众人忌恨。

一语点评

景泰八年（1457）正月，明代宗病重，囚禁在南宫的明英宗复辟登基，随后以“谋逆”的罪名将于谦处死。这真是千古奇冤！

江南第一风流才子——唐伯虎

我叫唐寅，字伯虎，所以大家都叫我“唐伯虎”。我是传说中的“风流才子”，也是影视剧里的“人生赢家”。然而，真实的我，一直处在孤独和困顿之中。

· 年少成名

明成化六年（1470），我出生于苏州城一个商贾之家。我自幼聪明伶俐，过目成诵，年仅15岁便以第一名的成绩考中秀才，被时人称颂为“孺子狂童”。我与祝允明、文征明、徐祯卿并称“江南四才子”，可谓才华横溢，年少成名。18岁时，我娶了江南名士徐廷瑞的次女，真是春风得意。

· 突遭变故

但无忧无虑的岁月，在我24岁时戛然而止。先是那年的秋天，我的父亲和妻子相继去世；第二年开春，我的母亲又不幸病故，我唯一的妹妹也在出嫁不久后自杀身亡。

本来很融洽的家庭，凶连祸结。接连的不幸，让我一度陷入消沉，后经友人劝导，我发奋读书。28岁时，我参加应天府乡试，高中解元。

· 卷入科场案

弘治十二年（1499），我与江阴首富徐经结伴而行，赴京赶考。本来我信心满满，指望自此飞黄腾达，却不料被科场案牵连入狱，后被贬为吏。这对我来说，简直太过耻辱，于是我满怀悲愤和绝望弃吏而归。自此，醉心功名的唐伯虎已然死去，风流骄狂的唐伯虎渐渐觉醒。

· 悲惨晚年

44岁时，耐不住寂寞的我应宁王朱宸濠之请前往南昌。原以为满腹才华终有施展之地，可命运却给了我一次更为严峻的考验。我察觉到宁王有图谋不轨之心，被迫装疯卖傻才得以脱身而归。我的晚年生活十分穷困，有时甚至依靠朋友的接济生活，直到54岁时黯然病逝。

回顾唐伯虎的一生，他才华横溢，却又怀才不遇，身世坎坷。他的这五十多年太过悲伤，他时刻想放下，却又无法放下。

知行合一的典范——王守仁

我原名叫“王云”，后来改名为“王守仁”，别号“阳明”。我这一生，集名卿与大儒之身份于一身，是明代著名的思想家、军事家、文学家和教育家。

· 叛逆少年

10 岁时，我离开浙江余姚老家，来到了北京，因为我的父亲王华考中了那一年的状元。当了状元的父亲责任感大大增强，他请了很多老师来教我读书。可我不是个好学生，不喜欢在私塾里坐着，却喜欢舞枪弄棍和读兵书，还喜欢问一些稀奇古怪的问题，写一些莫名其妙的诗。

· “格”竹子

有段时间，我待在自家的花园里，看着竹子发呆。我在“格”自己家的竹子，“格”就是研究的意思。“格”竹子实在是一件很艰苦的事情，我坐在竹子跟前，风吹雨淋，不吃不喝，呆呆地看着这个有“理”的玩意儿。七天七夜后，我没有得到“理”，却病倒了，从此留下肺病顽疾。

· 龙场悟道

28 岁那年，我考中进士，开始当官。由于我仗义执言得罪了司礼监太监刘瑾，先是被“廷杖四十”，又被投入锦衣卫诏狱，最后被贬为贵州龙场驿的驿丞。

当我来到龙场驿时，内心生出一种深深的绝望感。那里穷山恶水，荆棘丛生，尚未开化。可在那片荒凉的山谷中，我却“顿悟”了，我的“阳明心学”就此诞生。

· 平定朱宸濠叛乱

刘瑾倒台以后，我的被贬生涯结束，开始继续当官，并且一路高升。1519 年，分封在江西南昌的宁王朱宸濠发动叛乱，当时我正在南赣做巡抚。为了将朱宸濠牵制在江西境内，我使用了一系列的计谋，在绝对劣势的情况下，却以出乎意料的速度大败朱宸濠，立下了盖世奇功。

一语点评

作为中国传统儒家思想的代表人物之一，王阳明与孔子、孟子、朱熹并称“孔孟朱王”，他创立的阳明心学，在明以后的思想界占有重要地位。

弃文从医的“药圣”——李时珍

我家世代行医，不过在明代民间医生地位很低，我家常受官绅的欺侮。正因如此，父亲决定让我读书应考，以便一朝功成，出人头地。但我还是做了医生，并且成了大明“药圣”。

· 弃文从医

我自小体弱多病，然而性格刚直纯真，对那些空洞乏味的八股文，怎么也学不进去。我曾三次到省城武昌考举人，却都落第了。第三次科举失败后的我心事重重，在踌躇多日后，我终于下定决心弃文从医。

· 开棺救母子

话说有一天，我遇到一群人正抬着棺材送葬，是一位妇人因为难产不幸去世，而棺材还一直往外流血。我赶忙拦住送葬的队伍，说棺材里的人还有救。众人听了，面面相觑，都不敢相信我的话。经我反复劝说，终于使主人答应开棺一试。在我的救治下，这位妇人“起死回生”，并顺利产下一个儿子。

· 任职太医院

由于我在湖北的名气越来越大，分封在当地的楚王推荐我去北京太医院任职。太医院是专为宫廷服务的医疗机构，不过却被一些庸医弄得乌烟瘴气。生性秉直的我无法在太医院中立足，仅任职一年便辞职回乡。但在太医院任职期间，我日夜研读皇家医学书籍、药物标本，眼界大开。

· 编写《本草纲目》

后来，我穿上草鞋，背起药筐，远涉深山旷野，遍访名医宿儒，搜求民间验方，观察和收集药物标本，为的是编写一部药学著作《本草纲目》。《本草纲目》全书约有一百九十万字，收录药物近两千种，收集药方一万多个，成了中国药物学的空前巨著。

一语点评

四百多年前，李时珍跋山涉水、遍尝百草，毕其一生、呕心沥血编写了一部药物学著作。今天，无数人对他推崇备至，并从他的著作中找寻人类健康发展的智慧和启迪。

万历首辅——张居正

我叫张居正，是大明万历时期的内阁首辅。我掌权期间，对内推行改革，对外开展贸易，为大明“续了命”。

· 少年得志

12岁那年，我考中秀才，第二年又去参加湖北省乡试。凭我的才学，中举是板上钉钉的事，但当时的主考官——湖广巡抚顾璘认为我少年得志容易自满，并非是件好事。在他的授意下，我落榜了。直到三年后，我第二次参加乡试，才中了举人。我是感谢顾璘的，他确实磨砺了我的意志。

· 力主改革

走上仕途后，我一路顺风，直到成为万历内阁首辅，掌握大权。面对当时严重的社会矛盾，我开始推行改革。我引入了“考成法”，给各级官员的工作表现打分，不合格者清退。这么一来，官员不敢混日子了。我还推出了“一条鞭法”，就是把多种税收合为一条，以银两的方式，按亩折算缴纳。这大大简化了税制，方便收税，也使得官员难以作弊。

· 安定边境

明朝中期，边境依然承受很大的外敌压力。我采取了不同的策略：对于东南沿海的倭寇，我重用戚继光等将领，坚决从军事上打击，最终消除了倭患；对于北方的蒙古边患，我则采取加强防备的策略，并实行“互市”，也就是跟蒙古进行贸易交易，用我们的手工制品、茶叶、丝绸等来换取他们的马匹、牛羊。

· 死后被清算

为了理想和事业，我夜以继日地工作，最后积劳成疾去世了。我的改革取得了一定成效，使得明朝国力增强，边境稳定。任何改革都会得罪人，这些人当中就有万历皇帝。我是他的老师，对他寄予厚望，亲自教导他。但是他成年后，觉得我把持朝政，威胁了他的权力。于是在我去世后，他下令抄了我的家……

一语点评

张居正是明代伟大的政治家、改革家，他推行的“一条鞭法”等在中国历史上有着跨时代的意义。

抗倭英雄——戚继光

我叫戚继光，祖上是明朝开国将领，曾跟随太祖皇帝朱元璋出生入死。我一生为国而战，直到50多岁才解甲归田。

· 一条鱼，分着吃

尽管出身将门，但我年轻时家境十分清苦。有一次家里买了一条鱼，可到了吃饭时，我的妻子王氏把做好的鱼端上来，只有鱼头和鱼尾。我以为她把鱼肚子给吃了，也就没在意。可到了晚饭的时候，妻子把完整的鱼肚子又端上了桌。原来是她舍不得一顿吃完，才把一条鱼分成两顿吃。

· 打造戚家军

我先是在山东等地带兵，很快就被调往浙江抗击倭寇。我到了浙江才发现，那里守备空虚，军力涣散，因此我下定决心要打造一支新军。我从义乌召集了以农民和矿工为主的新兵，组成戚家军，训练他们布鸳鸯阵、使用狼筅。率领着这支军队，我战无不胜。

· 横屿岛之战

浙江倭患消停后，我带兵前往福建继续平倭。其中最险的一战，就是横屿岛之战。横屿岛周围涨潮时汪洋一片，退潮时淤泥塞路，倭寇就龟缩在岛上。等潮水退去后，我让士兵们背着稻草，不断以草填泥，向横屿岛一点点地前进。最终，倭寇被打了个措手不及，战死淹死千人，戚家军仅阵亡了 13 人。

· 修筑长城

东南安定后，我又带着三千戚家军北上蓟州守边。我发现北方军队纪律涣散，便加强训练，他们也渐渐改变了散漫的恶习。其间，鞑靼军队多次进攻，都被我击败，就连部落首领都被我俘虏了。

此外，为巩固北部防线，我还加强了长城的建设。今天留存下来的明长城遗迹，有不少出自我的手笔。

一语点评

戚继光在四十多年的军事生涯中，南北驱驰，为巩固边、海防，保卫人民的生命财产安全作出了不朽的贡献。无论是在南方沿海，还是北方草原，都留下了他的丰功伟绩。

睁眼看世界的第一人——徐光启

我叫徐光启，是明朝末期的数学家、天文学家、农艺师和政治家。我毕生致力于科学技术的研究，勤奋著述，是介绍和吸收欧洲科学文明的积极推动者。

·早年生活

我出生在松江府（今上海），祖父是经商的，曾经家境富裕，可到了我父亲这一代，家道中落，开始务农。我想通过科举制度改变命运，但多次参加乡试都名落孙山。在那段难熬的岁月里，我目睹了家乡百姓的艰辛生活，内心很是同情他们。

·师从利玛窦

38岁那年，我与天主教耶稣会传教士、学者利玛窦第一次会面，他比我大10岁，我们一见如故。

除了好奇各种奇形怪状的科学仪器，利玛窦带来的各种西方科学典籍也深深吸引了我。于是，我跟他学习西方的天文、历法、数学、测量和水利等科学技术。

· 翻译《几何原本》

42 岁时，我考中进士，得以在翰林院任职。此后几年，我常常来到利玛窦的住所，听他讲解西方科学。我们还花费一年多时间，共同翻译出了《几何原本》的前六卷。该书的翻译，极大地影响了中国原有的数学学习和研究的习惯，改变了中国数学发展的方向。

· 编写《农政全书》

父亲去世后，我回乡丁忧三年。在此后的很长一段时间里，我研究外来粮食作物，进行农业试验，总结出许多农作物种植、引种、耕作的经验，这些都为我日后编写《农政全书》打下了基础。《农政全书》是我在搜集整理历代农学著作的基础上，结合自己的实践经验和研究编成的一部农业百科全书，是中国古代农书的集大成之作。

一语点评

徐光启是把欧洲自然科学介绍到中国的第一人，为 17 世纪中西文化交流作出了重要贡献。他愿意正视西方文化，敢于接受思想挑战，是真正“睁眼看世界的第一人”。

收复台湾的民族英雄——郑成功

我叫郑成功，是明末的抗清领袖，我最大的功劳是从荷兰人手中收复了被占据多年的台湾，捍卫了国家尊严和领土完整。

· 文武双全

我的父亲郑芝龙是一个海商，拥有私人海军武装，后来被明朝招安任官。我喜好读书，14岁考中秀才，20岁的时候去南京的国子监读书，师从江浙儒学大师钱谦益。另外，由于受家庭环境的影响，我天生对海洋和航海感兴趣，对海战尤其熟悉，这使得我从小就文武双全。

· 国姓爷

我在南京读书期间，清军攻破了北京，明朝灭亡。但是反抗清朝的力量仍在南方坚持，并建立了南明政权。我坚决抗清，受到南明隆武帝的赏识，他将皇帝的“朱”姓赐给我，从此百姓都尊称我为“国姓爷”。而我的父亲却走上了不同的道路，他被利诱投降了清朝，还派人劝我投降。我誓死不从，继续在东南沿海组织军队抗击清军。

·收复台湾

为了继续抗清，我决定攻下被荷兰人占领的台湾作为根据地。1661 年 4 月，我率舰队进军台湾。在台江海域，我把自己的战船排在前面，与荷兰军舰展开激烈海战，击沉荷军舰赫克特号，然后包围普罗民遮城，迫使城内的荷兰军队投降。接着，我军又攻下了赤嵌城，最终迫使荷兰人退出台湾。

·建设台湾

在台湾，我积极推行屯垦制度，寓兵于农，以解决缺粮问题。我还鼓励大陆沿海居民到台湾开垦，帮助当地的高山族提高生产技术。通过我的努力，台湾的农业和手工业水平得到了很大的提高。我的儿子继承了我的遗志，继续建设台湾，使其成为祖国美丽富饶的宝岛。

一语点评

郑成功击败荷兰殖民者，收复台湾，并在台湾建立行政机构，屯田开垦，发展贸易，促进了台湾社会经济的发展，他的功绩永载史册。

清代学术开山之祖——顾炎武

我叫顾炎武，生活于明末清初。我学术思想对清代的乾嘉学派产生了深远影响，因此我被称为“清代学术开山之祖”。

· 拒不降清

我从小就认真读书，钦佩岳飞、文天祥等爱国志士。明朝灭亡后，我参加了许多抗清活动，可惜都失败了。清朝多次用高官厚禄利诱我，我均予以拒绝。为了表达我不为清朝效力的决心，每年端午节，我会在家门前悬挂一块红色蔓菁，里面塞上一点儿蒜青，并在后面挂一块白布，上写着“避青”二字。

· 读万卷书，行万里路

顺治十四年（1657），我将老家昆山的家产悉数变卖，然后辞别故里，一去不归。在其后二十多年的北游生涯中，我的足迹遍及山东、河北、山西、陕西、河南等地。旅途中，有骡马驮书随行，供我随时将书中内容与所见所闻进行核对，实地考察后勘误。我真正做到了“读万卷书，行万里路”。

· 著述宏富

世事茫茫，我把对故园的怀念化作对学问的执着，而丰富的阅历和广博的学识使我著述颇丰。

我的存世作品约有一千二百万字，代表作有《日知录》《天下郡国利病书》《肇域志》《音学五书》《韵补正》《金石文字记》《亭林诗文集》等，我对经史百家、音韵训诂、金石考古、方志舆地等都有精湛研究。

· 民本思想的巅峰

我提出“天下兴亡，匹夫有责”，这既是敦促人人都要爱国，也表达了人民是国家的主人的观点；我也提出“民得其利，则财源通而有益于官”，这就是藏富于民的观点；我还提出“以众治代替独治”，将君主集权权力下放。这些思想震撼了两千年来皇权至上的论调，成为中国古代民本思想的巅峰。

顾炎武是明末清初杰出的思想家，他悲天悯人，以满腹经纶为天下苍生代言，受到世人景仰。

中国思想启蒙之父——黄宗羲

我叫黄宗羲，浙江余姚人，我与顾炎武、王夫之并称“明末清初三大思想家”，也有“中国思想启蒙之父”之誉。

·锥刺许显纯

我的父亲黄尊素曾是山东监察御史，因上书言事，被许显纯等人害死。19岁那年，我只身去往北京，为父申冤。

在刑部大堂上，许显纯等人仍不认罪，我怒不可遏，拿出藏在袖中的铁锥刺向许显纯。很快，我为父报仇、为国除奸的勇敢行为传遍了京城，连明思宗都称赞我是“忠臣孤子”。

·上天一阁读书

大明兵部右侍郎范钦辞官回宁波故里后，建造了一座藏书楼，名曰“天一阁”，藏书达七万余卷。范钦后代为防止藏书失散，议定藏书由子孙共同管理，阁门和书橱钥匙分房掌管，非各房齐集，任何人不得擅开。由于我的道德和学识出众，因而得到了范氏各房的同意，应允我登上了天一阁。我阅读了天一阁的全部藏书，这奠定了我的学术基础。

· 晚年诈死

康熙皇帝素闻黄宗羲之名，多次召他当官，都被回绝。为表心志，黄宗羲干脆在父亲的墓边自建墓穴，决心以死抗旨。不久，康熙果然又召黄宗羲主持纂修明史。

钦差鸣锣开道到了黄家，却只见黄宗羲的儿子黄百家披麻戴孝出来迎接，对钦差道："家父前日已辞世。"钦差无法，只得回京复旨。待钦差走后，黄宗羲便从墓穴中出来，专心著书立说，一直活到86岁。

· 抗击清军

清兵占领苏州、杭州之后，浙东各地纷纷组织义军抗清。我在家乡余姚黄竹浦组织青壮年数百人为义军，沿钱塘江布防，老百姓称呼我的义军叫"世忠营"。后来抗清失败，我心灰意冷，遂改名换姓，从此隐居在山水之间，用功研究学问。

一语点评

黄宗羲是中国古代第一个公开宣称皇帝是"天下之大害者"，提出"天下为主、君为客"的思想。他反对君主专制、主张民权的思想，对后世影响很大。

千古一帝——康熙

我的全名叫“爱新觉罗·玄烨”，是清朝第四位皇帝，“康熙”是我的年号。我8岁登基，14岁亲政，在位61年，是中国历史上在位时间最长的皇帝。

·智擒鳌拜

我刚当上皇帝的时候，年纪还小，因此由鳌拜等四大臣辅佐。后来，鳌拜自恃功高，专擅朝政，根本不把我放在眼里，甚至在我亲政后，还不甘心交出大权。为此，我挑选了一百多名亲王子弟组成善扑营，练成高超的摔跤技艺，在我16岁那年，利用善扑营子弟智擒鳌拜，夺回了大权。

·平定三藩

亲政以后，南方的三个藩王成了我的一块心病，他们拥兵自重，把持地方财政，于是我作出了撤藩的决定。1673年，平西王吴三桂率先反叛，其他两个藩王也随之附和。三藩占据了中国的半壁江山，清朝的统治受到重大威胁。我没有退路可走，只好调遣人马，历时8年才平定了这场叛乱。

· 统一台湾

平定三藩之后，台湾问题又摆在我的案头。那时，郑成功已经去世，他的儿子郑经占据着台湾。1681 年，我任命施琅为福建水师提督，筹划攻台。台湾一些郑军将领听说清军来势汹汹，于是纷纷派人与施琅接洽，里应外合，协助清军，占领了台湾岛。统一台湾后，我下令设立台湾府，下属三县，归属福建省管辖。

· 雅克萨之战

在我忙于平定三藩之乱和统一台湾之际，沙皇俄国却趁机侵占了中国领土尼布楚和雅克萨等地，在那里构筑寨堡，

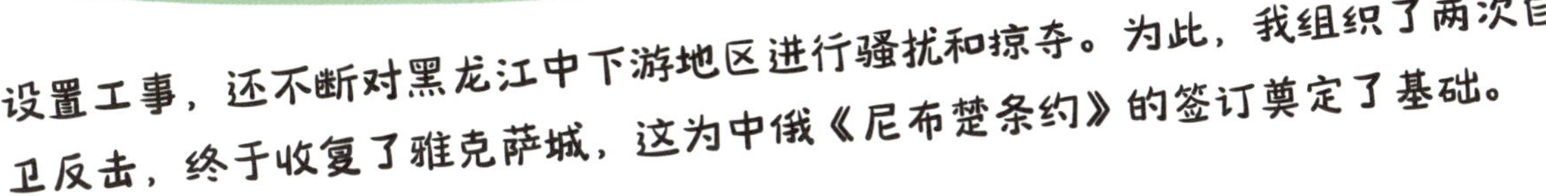

设置工事，还不断对黑龙江中下游地区进行骚扰和掠夺。为此，我组织了两次自卫反击，终于收复了雅克萨城，这为中俄《尼布楚条约》的签订奠定了基础。

一语点评

康熙是中国历史上颇有作为的皇帝，他奠定了清朝兴盛的根基，开创出康乾盛世的大局面，因此有人称他为“千古一帝”。

聊斋先生——蒲松龄

我叫蒲松龄，淄川（今山东淄博）人，后世称“聊斋先生”。我与贫困斗争了一辈子，在科考的路上落魄了一辈子，也在小说创作上奋斗了一辈子。

· 屡试不第

19岁时，我初应童子试，县、府、道均为第一，可以说是少年得志，未来一片光明。可万万没想到啊，我此后的人生急转直下。先是家事不宁，父亲被迫给我们四兄弟分家，我只分到少量产业；后是我参加科举考试，屡战屡败，前后参加科考50余年……

· 《日中饭》

迫于生活压力，我一边参加科考，一边做私塾教师，可私塾教师的收入非常低。

我有一首诗，叫《日中饭》，写炎热的六月，全家没有干粮吃，煮了锅麦粥，几个孩子争抢起来：大儿子先把勺子抢到手里，到锅底捞稠的；二儿子拿着碗叫着吵着跟哥哥抢；小儿子刚学会走路，翻盆倒碗像恶魔；小女儿缩在一边，眼巴巴地看着我……写实的文字背后，是一个贫穷、无奈、心如刀割的男人。

· 创作《聊斋志异》

在做私塾教师时，我就开始创作《聊斋志异》，前后历 40 余年之久，贯穿了我的大半生。为了搜集素材，我曾在家门口开了间茶馆，来喝茶的人可以用一个故事来替代茶钱。正因为这样，我才搜罗到许多故事，将它们写入聊斋志异中。

· 岁贡生

我 72 岁时，时任山东学政、比我小 32 岁的后生黄淑琳，出于同情，才破例给我补了一个"岁贡生"身份。成为岁贡生，照惯例可以被选任杂职，当个小官。但这时的我已经 70 多了，岁贡生对我来说只是个荣誉称号。我一生为功名奔波，最终只得以欲说还休的岁贡生收场。

一语点评

康熙五十四年（1715）正月二十二，蒲松龄坐在他清冷的聊斋窗前永远地离开了人世。他穷一生出将入相的梦想终于成为泡影，但他的《聊斋志异》却光芒四射。

举家食粥的小说家——曹雪芹

我叫曹雪芹，曾是一名富家公子，家道中落后，我以家族经历为原型，构思创作了《红楼梦》，将中国古代小说推向了最高峰。

· 家世显赫

我家世显赫，曾祖母孙氏做过康熙皇帝的保姆，祖父曹寅做过康熙皇帝的伴读和御前侍卫，后来被任命为江宁织造。江宁织造是设在南京的皇家采购商，这可是一个肥差，只有皇帝的亲信才会被任命。

江寧織造

康熙皇帝六次南巡，祖父曹寅接驾四次。祖父去世后，我的父亲曹頫继承了江宁织造的职位。

· 举家食粥

可好景不长，康熙皇帝去世后，父亲曹頫因事株连，以亏空款项等罪被革职、抄家，我也只能随着家人迁居北京。

曹家从此一蹶不振，日子越来越艰难，甚至到了全家只能喝粥糊口的地步。日子跟以前有了天壤之别，让我“虽不敢说历尽甘苦，然世道人情，略略的领悟了好些”。

· 创作《红楼梦》

家道中落后，我心情苦闷，萌发了以家族经历为原型创作一部长篇小说的想法。我很早就开始动笔，起初这部书叫《风月宝鉴》，但始终没有成型定稿。30多岁后，我居住在北京西山的黄叶村，以卖字画为生。尽管穷困潦倒，但我醉心写作，将书稿“披阅十载，增删五次”，终于写出了《红楼梦》的前八十回。

· 后世遗泽

直到我去世，《红楼梦》也没写完。后来，高鹗、程伟元在我残稿的基础上，又补了四十回，终于凑满了全书。我去世后近30年，这部书才正式出版。

《红楼梦》是一部百科全书式的小说，后世围绕它的作者、版本、文本等方面进行研究，甚至形成了一种专门的学问——红学。

一语点评

曹雪芹最伟大的贡献在于文学创作，他创作的《红楼梦》塑造了众多具有典型性格的艺术形象，在世界文学史上占有重要地位。

紅樓夢

禁烟英雄——林则徐

我叫林则徐，生活在内忧外患的清朝中后期。我严厉打击祸害人民的鸦片走私，积极抗击外国列强的侵略，为守护国家做出自己的努力。

· 19岁中举

小的时候，我家里条件比较一般，还欠了不少债，我的母亲和姐妹靠做剪纸等手工活补贴家用。我每天上学前，都会先把她们做好的工艺品拿到店铺寄卖，放学后，再到店铺收钱交给母亲。我的父亲是私塾老师，对我的学习很上心。我读书非常刻苦，19岁就中了举人，走上仕途。

· 虎门销烟

清朝中后期，英国的商贩将鸦片这种毒品走私进中国，赚取了大量白银。吸食鸦片的中国人身体羸弱，无法好好劳作。我力主禁烟，获得了道光皇帝的支持。

到广州后，我查封烟馆，并要求外国鸦片贩子限期缴烟。我将收缴而来的鸦片在虎门海滩进行集中销毁，而此举也成为中国反西方殖民侵略的起点。

· 远贬新疆

鸦片战争后，我被皇帝免了职，调往新疆工作。

在新疆期间，我继续报效国家，倡导兴修水利，组织开辟了大量荒地，并积极推广坎儿井和纺车。坎儿井是一种井渠，可以引出地下水，让沙漠变成绿洲。新疆产棉花，纺车可以纺棉，提高新疆人民的劳动效率，改善他们的生活。

· 开眼看世界

我虽然在广东抗击西方入侵，但对于西方的文化、科技和贸易则持开放态度。我提出开眼看世界，学习外国的先进技术，使中国强大。为此，我和朋友主持编译了《四洲志》《海国图志》等书，就是希望大家能够打开眼界，不再固步自封。这些书对后来的“洋务运动”乃至日本的“明治维新”都具有启发作用。

林则徐的一生都在为强国而努力，无论是虎门销烟，还是呼吁开眼看世界，都发出了那个时代积极进步的声音。

改良主义的先驱——龚自珍

我叫龚自珍，浙江仁和（今杭州）人，我目光深远，有清醒前卫的思想，但未能在官场上施展出自己的才华。于是，我只能将一腔热血化作诗词，批判现实，终成一代大家。

· 仕途不顺

乾隆五十七年（1792），我出生在浙江一个官宦人家，爷爷和父亲皆是朝廷大员，且具有很高的文化素养。我从小天资聪慧，又饱读诗书，但却在科考中屡次落榜，直到38岁才中进士。那时正值清朝道光年间，社会混乱不堪……

· 思想领先

在我任内阁中书、宗人府主事和礼部主事等官职时，我看清了朝廷的腐败与衰落，于是大胆地批判制度的不合理之处，并主张改革。然而在那个时代，我的建议并不能被采纳，我也由于揭露时弊而惨遭权贵和同僚的打压。

· 支持林则徐禁烟

我与林则徐相交甚深，在对待鸦片贸易的态度上，我与他一样，都是坚定的主禁派。在道光皇帝决定派林则徐为钦差大臣赴广州主持禁烟时，我曾考虑跟随他一起前往。但我是当时有名的“狂人”“怪人”，恐会无端为林则徐增加阻力而未能成行。我专门写下《送钦差大臣侯官林公序》，为禁烟事业出谋献策。我还赠予林则徐一方砚台，他一直随身携带。

· 才也纵横，泪也纵横

1839 年，我辞官离京。离京后，我百感交集，也为国痛心，于是写了许多忧国忧民的诗文，这就是著名的《己亥杂诗》，共 315 首。1841 年，我到江苏丹阳云阳书院、浙江杭州紫阳书院教书，不想却在同年突患急病，卒于丹阳。我学问精深宏博，对国事又有真知灼见，但却生于末世又命途多舛，一生怀才不遇，只能“才也纵横，泪也纵横”。

一语点评

龚自珍的一生侠肝义胆，忠心爱国，却仕途坎坷，结局悲凉。这是旧制度不可破解的死结，我们只能为之扼腕叹息。

爱猫达人——张之洞

我祖籍河北南皮，但出生在贵州贵阳六洞桥附近，因此父亲张锳给我取名“之洞”。27 岁那年，我进士及第，正式步入仕途……直到后来，我与曾国藩、李鸿章、左宗棠并称晚清“四大名臣”。

· 抗击法军

1885 年正月，法军侵占中越边境重地镇南关（今友谊关），形势十分危急。身为两广总督，我奏请调前任广西提督冯子材等人援兵广西。

70 岁的老将冯子材率军殊死抵抗，大败法军，扭转了整个战局。但是朝廷却决意乘胜求和，命令前线各军停战撤兵。我接连电奏缓期撤兵，竟遭李鸿章传旨斥责。

· 创办汉阳铁厂

我在做两江总督的时候，大胆引进、吸收西方先进技术，倾尽心力创办了汉阳铁厂，为中国重工业首开先河，被后人尊称为中国的“钢铁之父”。汉阳铁厂其实是一个钢铁联合企业，建成于 1893 年。这是近代中国第一个大规模的工业化机器生产的钢铁企业，而且在亚洲也是位居第一的大型钢铁厂。

· 开办学校

除了兴办实业，我还推动了一系列的教育改革，开办了许多新的学校，如自强学堂（今武汉大学前身）、湖北工艺学堂（今武汉科技大学前身）、农务学堂（今华中农业大学前身）、三江师范学堂（今南京大学前身）等。

我提倡“中体西用”，推广了西方的教育理念，为中国现代化进程奠定了基础。

· 爱猫达人

我在业余时间最喜爱的事情就是养猫，你们可能不相信，我在自己的卧房当中养了数十只猫！

每天我都亲自喂养它们，像照顾自己的孩子一样。这事还被我的堂兄张之万记在了家书当中。

一语点评

不管是做人，还是做官、做事，张之洞都是当时的模范。他清醒地认识到中国与西方国家的强弱差距，进而支持洋务运动，办了不少实事，进行了不少改革创新。

鉴湖女侠——秋瑾

我叫秋瑾，出生在浙江绍兴的一个小官僚地主家庭。少年时，我热情而倔强，最钦佩历史上的“巾帼英雄”。长大后，我投身革命，成为“鉴湖女侠”。

· 东渡日本求学

1904 年，我毅然冲破封建家庭的束缚，只身东渡日本求学。在日本，我积极地投入了中国留学生的革命活动。我还联络当时留日女学生陈撷芬等人，恢复了中国女界爱国团体——“共爱会”。1905 年“同盟会”成立后，我又被推为评议部评议员和浙江主盟人。

· 回国革命

由于清政府勾结日本政府，颁布中国留学生取缔规则，我愤然回国。1906 年，我和一些同志在上海设立革命机关，在试制炸弹时，我被不慎炸伤，险遭逮捕。同时，我主编了《中国女报》，第一个提出创建“妇人协会”的主张，为近代妇女解放吹响了第一声号角。

· 筹备起义

1907年，我返回绍兴，主持大通学堂。大通学堂原为徐锡麟、陶成章等人创办，是“光复会”训练干部、发动群众的革命据点。在大通学堂，我为了进一步训练革命力量，成立了“体育会”，招纳会党群众和革命青年，进行军事操练；并联络浙江各地会党，组成“光复军”，推举徐锡麟为首领，我任协领，积极进行起义的筹备工作。

· 慷慨就义

1907年7月6日，徐锡麟主持的安庆起义失败，这也使我在浙江地区主持的起义计划完全泄露。形势十分危急，同志们劝我暂避一时，但我坚决留在大通学堂与前来包围的清军作殊死战斗。因寡不敌众，我不幸被捕，同年7月15日在绍兴轩亭口慷慨就义。

一语点评

秋瑾是中国历史上为民主革命捐躯流血的第一位女革命家，她用自己的生命唤醒了更多人的觉醒，使更多的人投入到革命事业中，为民族解放和妇女解放事业作出了重大贡献。

民国最强老爸——梁启超

我叫梁启超，广东新会人。我有很多种身份，比如思想家、政治家、教育家、史学家、文学家等。另外，我也是“戊戌变法”的领袖之一。

· 投入康门

1890 年秋天，我认识了康有为。康有为在当时名声很大，我对他的独到见解和大胆举动十分钦佩，于是就拜他为师。与康有为结识，是我一生发展的重要转折。从此以后，我抛弃旧学，投入康门，并且接受了康有为的改革主张和变法理论，逐渐走上了改良维新的道路。

· 清华校训是我提的

我退出政坛后，一直著书立说，从事教育，想从思想上改造国人，把希望寄托给了下一代。作为清华学校“四大导师”之首，我在一次演讲时，引用了《周易》中的语句激励清华学子。由此，“自强不息，厚德载物”成为清华大学的校训。

· 写作效率极高

虽然政治活动占去了我的大量时间，但我每年平均写作仍达三十九万字之多，一生各种著述达一千四百多万字。尤为值得称道的是，我写作效率极高，所谓“草一稿片刻即脱”。我在撰写文章时，一动笔就思如泉涌，比如《清代学术概论》一书，十余万字，我用一周时间即告完成。

· 儿女都很争气

我在教育子女方面也可圈可点，九个子女都学贯中西，成为各自领域的专家。长子梁思成，毕业于清华大学和宾夕法尼亚大学建筑系，是著名的建筑学家；次子梁思永，毕业于哈佛大学考古学和人类学专业，是著名的考古学家；五子梁思礼，是著名的火箭控制专家……

一语点评

作为社会活动家、政治家，梁启超在中国近代的许多关键时刻都发挥了重要的作用；作为思想家、文学家，梁启超用他的如椽大笔激励、感染了大批仁人志士，为积贫积弱的旧中国开启了民智。

图书在版编目（CIP）数据

哎哟，我的老祖宗！ ：上下卷 / 吕埴编著 ; 大有童书绘. -- 北京 : 电子工业出版社, 2025. 6. -- ISBN 978-7-121-50150-0

Ⅰ. K820.2-49

中国国家版本馆CIP数据核字第2025TG6524号

责任编辑：赵　妍
印　　刷：合肥华云印务有限责任公司
装　　订：合肥华云印务有限责任公司
出版发行：电子工业出版社
　　　　　北京市海淀区万寿路173信箱　邮编：100036
开　　本：889×1194　1/16　印张：13.5　字数：309.4千字
版　　次：2025年6月第1版
印　　次：2025年6月第1次印刷
定　　价：138.00元（全2册）

凡所购买电子工业出版社图书有缺损问题，请向购买书店调换。若书店售缺，请与本社发行部联系，联系及邮购电话：（010）88254888，88258888。

质量投诉请发邮件至zlts@phei.com.cn，盗版侵权举报请发邮件至dbqq@phei.com.cn。

本书咨询联系方式：（010）88254161转1852，zhaoy@phei.com.cn。